tredition®
www.tredition.de

AF290864

Günther  Mohr

# Organisationsrevolution

## Die Alternative zur Menschine III

www.tredition.de

Günther  Mohr

# Organisationsrevolution

## Die Alternative zur Menschine III

# Inhalt:

## 1. Das System verändern – Organisationsrevolution

In Band I und II der „Alternative zur Menschine" ging es darum, wie sich der Einzelne für sich und in Beziehung zu Anderen in der Welt des 21. Jahrhunderts orientieren kann. Menschen bilden seit alters her Gemeinschaften, Organisationen, die über den Familienverband hinausgehen. Vermutlich machten die Winterlager, die unsere Vorfahren bildeten und die etwa 100 bis 120 Personen umfassten, gerade den Unterschied zu unserem frühen Menschenkollegen, dem Neandertaler. Nach unserem heutigen Wissen lebte dieser eher in kleinen Einheiten und brachte so die Vorteile der Arbeitsteilung und des Zusammenkommens von mehreren Potenzialen nicht so stark zur Geltung. Möglicherweise hat gerade die körperliche Unterlegenheit gegenüber den Widrigkeiten der Natur den Homo sapiens zu effizienzversprechenden Organisationsformen geführt.

Die Vereinzelung und Individualisierung des Menschen hängt – von der westlichen Welt ausgehend – einerseits sicher mit der kapitalistischen Wirtschaftsform zusammen. Adam Smith, den man als theoretischen Doyen des Kapitalismus bezeichnen kann, hatte das Individuum sehr in den Vordergrund gestellt. Seiner Auffassung nach führe die Verfolgung des Eigeninteresses jedes Einzelnen wirtschaftlich zum Besten für Alle, weil der wirtschaftliche Wettbewerb wie eine unsichtbare Hand eine gute Ordnung schaffe. Dies war auf dem Hintergrund von Adam Smiths Herkunft als Moralphilosoph eine interessante Idee. Heute ist klar, dass die Menschen eher ihre systemische Vernetzung betrachten müssen und gemeinwohlökonomisches Denken benötigen (Felber, 2009; Mohr, 2015, „Systemische Wirtschaftsanalyse"). Hier hat nach dem Zusammenbruch der Wirtschaft durch die Finanzkrise im Jahr 2008 – die eine wesentliche Ursache in den als neoliberal wieder aufgetünchten Ideen von Smith seit den 1980ern hatte – mittlerweile tatsächlich ein Umdenken stattgefunden. Unternehmensziele beginnen sich mehr in Richtung Resilienz, also zum Erhalt und auskömmlichen Überleben von Systemen, zu verändern (Mohr, 2017, „Resilienzcoaching"). Die Vereinzelungsidee tritt auch aufgrund der teilweisen Eigenbezüglichkeit des Menschen auf. Wegen seiner physischen Körpergrenzen und auch weil er nicht in andere hineinschauen kann, erlebt sich der Mensch psychologisch als ein von anderen getrenntes Wesen. Das kann man aus anderer Perspektive sehr in Frage stellen, denn kaum ein Mensch kann autark leben. Wir kommen in einer Symbiose auf die Welt, sind auf andere angewiesen. Diese Angewiesenheit auf andere bleibt lebenslang bestehen. Alle profitieren von der Zuarbeit anderer. Die Arbeitsteilung ist eine stetiges Zusammenwirken zwischen Menschen.

Hier soll nun der Frage nachgegangen werden: Wie müssen heute wesentliche Gemeinschaften, die wir zum Überleben bilden, die Organisationen und Unternehmen, gestaltet werden, damit sie „menschenartgerecht" sind, ohne gleichzeitig überkommenen archaischen Mustern aus früheren Zeiten zu entsprechen. Mittlerweile gehen Soziologen wie Andreas Reckwitz (2017) sogar von einer Singularisierung des Menschen aus, was noch weiter geht als Individualisierung, weil es zusätzlich noch das Herausstellen der eigenen Person und ihrer Sichtbarkeit beinhaltet, die heute durch die so genannten sozialen Medien ganz andere Möglichkeiten besitzt. Organisationen sind allerdings gerade das Zusammenwirken von Einzelnen, die eine größere – nicht unbedingt eine höhere – Aufgabe durch Spezialisierung und Arbeitsteilung zu erreichen versuchen. Wie schon der Ökonomieprofessor John Roberts (2003) in seinem Buch „The modern firm" zeigt, haben Organisationen große Vorteile insbesondere in der Reduzierung von Unsicherheit, so dass über zwei Drittel der Wirtschaftstransaktionen gar nicht über Märkte sondern innerhalb von Organisationen vollzogen werden. Aber wie verändern sich Organisationen heute?

Im Folgenden werden zunächst zwei neuere Konzeptionen für Organisationen vorgestellt, „Reinventing Organizations" von Frédéric Laloux und „Sociocracy/Holacracy", beides Ansätze, die Organisationen insbesondere überkommener hierarchischer Strukturen entkleiden wollen. Anschließend folgt für das praktische Vorgehen der Systemdynamikenansatz, den ich im Jahr 2006 entwickelt habe.

Im ersten Band meiner Trilogie „Alternative zur Menschine" hatte ich die Gedanken des israelischen Historikers Yuval Harari dargestellt (Mohr, 2018a). Harari entwirft das Bild eines technisch und chemisch umgestalteten Menschen, einer „Menschine". Dem stelle ich in drei Teilen Alternativen gegenüber: zum Individuum, zur Beziehung zwischen Menschen und zu Organisationen. Im zweiten Band der Trilogie ging es um den Beziehungsaspekt (Mohr, 2018b). Im dritten Band geht es nun um den Aspekt der Organisation. Ähnlich dem Beziehungsaspekt spielt auch der Organisationsaspekt von Menschen bei Harari eine geringere Rolle, obwohl er von der Hebrew Universität stammt, die einer der wesentlichen Beziehungstheoretiker, Martin Buber, mitbegründet hat. Der Beziehungsaspekt ist aber meines Erachtens ein für die Entwicklung des Menschen wesentliches, wenn nicht das zentrale Element.

## 2. Frédéric Laloux: Reinventing Organizations

Frederik Laloux ist einer der Stars der internationalen Managementszene. Der ehemalige McKinsey-Berater hat es mit seiner Art und seinem Ansatz geschafft, zu einer der meist zitierten Personen in der Organisationsentwicklung zu werden. Es stellt sich allerdings die Frage: Handelt es sich bei seinem Ansatz um alten Wein in neuen Schläuchen oder um einen wirklichen Paradigmenwechsel? Im Folgenden zunächst eine Darstellung seiner Argumentation und Vorgehensweise, danach eine kritische Würdigung seiner Anwendbarkeit.

Laloux geht von der Grundthese einer Unzufriedenheit der Menschen mit den bestehenden Organisationsformen aus. Dies belege die Gallup-Studie, die seit Jahren mit großer Konstanz ergebe, dass maximal 17 Prozent der Mitarbeiter in Unternehmen hoch engagiert sind. Und zahlreiche engagierte und vor allem an ganzheitlichem Sich-Einbringen in den Beruf interessierte Leute verlassen die Organisationen. Laloux beklagt dies nicht, sondern sieht darin ein gutes Zeichen, das etwas Neues ankündige. Gesellschaftliche und organisationale Entwicklung zeige sich in Sprüngen.

## Komplexität und Hierarchie

Der Hauptpunkt, dass das Alte nicht mehr funktioniere, liege in der Unfähigkeit von Hierarchien, Komplexität zu bewältigen. Alle komplexen Systeme in der Natur würden nicht mit Hierarchie gesteuert, sondern per Selbststeuerung. „Kein komplexes System funktioniert mit Hierarchie", schreibt er. Als Beispiel wird das menschliche Gehirn angeführt. Im Gehirn mit seinen 85 Milliarden Nervenzellen sage keiner: „Ich bin jetzt mal Geschäftsführer. Wenn Ihr eine Idee habt, schickt sie mal vorbei!" Das Gehirn steuert sich selbst. Andere Beispiele für komplexe, selbststeuernde Systeme seien Zellen, Pflanzen, Bäume, der ganze Wald. Alle würden sich durch Selbstorganisation steuern. Sein Schluss: Für niedrige Komplexität könnten hierarchische Lösungen funktionieren, aber nicht für hohe Komplexität.

Bei der These, dass Hierarchie nicht in der Lage ist, hohe Komplexität zu bewältigen, fallen einem sofort Beispiele aus der jüngeren Unternehmensgeschichte ein. Etwa VW oder die Deutsche Bank, bei der die obersten Hierarchiestufen entweder ihre Aufsichtspflicht vernachlässigt haben oder klare Anweisungen

gegeben haben: „Ihr habt gefälligst genau die von uns vorgege-
benen Ziele zu erreichen, aber wir wollen nicht wissen wie ihr
das tut!" Zusammen mit lockenden Boni war damit illegalen
Praktiken der Weg bereitet. Für die Unternehmen wurde diese
Praxis durch Strafen in Milliardenhöhe ein Kampf um die Exis-
tenz.


## Die Stufen der Entwicklung

Laloux hat zu Organisationen und Unternehmen eine Stufentheorie entwickelt, die an die Theorien von Ken Wilber, Robert
Kegan oder Jane Loevinger anknüpfen. Dabei hatte Wilber eine
Stufentheorie der gesamtgesellschaftlichen Entwicklung, Kegan
und Loevinger psychologische Reifestufen beschrieben. Dieses
Prinzip überträgt Laloux auf Organisations- und Unternehmens-
systeme und erhält fünf Stufen, die er auch mit Farben kennzeichnet und jeweils einem Beispiel versieht:

- Rot – Wolfsrudel – Mafia, Street Gang, Terror-Organisati-
  on
- Bernstein (Amber) – Armee – Katholische Kirche, Militär,
  Behörden, Öffentliches Schulsystem
- Orange – Maschine – Konzerne, multinationale Unter-
  nehmen
- Grün – Family – NGOs, Southwest Airlines, Ben & Jerrys
- Blau-grün (Teal) – Netzwerk – Buurtzorg, Gore, Morning
  Star

Klar, das Ideal ist die sogenannten Teal-Organisation, die letztlich einem selbstorganisierten Netzwerk ähnelt. Die Kennzeichen sind: Selbstorganisation, Hierarchiefreiheit und evolutionäre Orientierung.

Selbstorganisation bedeutet, Entscheidungen soweit es geht zu dezentralisieren und von Teams bestimmen zu lassen. Hierarchiefreiheit heißt Verantwortungsübernahme von Allen, denn jeder muss sich mit den Fragen des Ganzen auseinandersetzen. Evolutionäre Orientierung einer Organisation ist vielleicht die herausforderndste Aufgabe. Das System von „Predict & Control" (Vorhersagen und Kontrollieren) will Laloux nicht mehr. Das großes Herumgeplane, damit die Misstrauischen in Organisationen Sicherheit empfinden, sei überflüssig. Wenn Aufgaben klar definiert seien und Menschen sich ganzheitlich einbringen können, werde auch der Demotivationseffekt, der in klassischen Organisationen zu beobachten ist, aufgehoben. Das wichtige Moment der Aufmerksamkeit werde dann so zentriert, dass die Menschen sich wirklich einsetzen. Überdetaillierte Zielvereinbarungsgesprächssysteme und die bei Führungskräften und Mitarbeitern gefürchteten Diskussionen über Boni und variable Vergütungen würden obsolet. Mitarbeiterbefragungen gehörten auf den Müllplatz der Organisationsgeschichte. Wer nicht spüre, wie es den Mitarbeitern geht, wird dies auch nicht durch eine nach wissenschaftlichen Kriterien aufgebaute Befragung, herausfinden. Hier werde die Abwertung, die in diesem vermeintlichen Nichtwissen steckt, durch den Lösungsversuch verschlimmert.

## Das leidige Geld

Wie läuft es aber in der idealen Organisation mit der Bezahlung, wenn es keine Hierarchien gibt? Dann gibt es Self Set Salary, in dem die Gehälter von den Betroffenen selbst bestimmt werden, oder ein Rankingsystem, in dem die Leute miteinander bezüglich ihrer Leistung verglichen werden. Überhaupt geht man von einem anderen Menschenbild aus, das eher der Theorie Y („der leistungsfreudige Mitarbeiter") als der des X („der faule Mitarbeiter") McGregors folgt. Faule Mitarbeiter sind eher die Folge einer bestimmten Einstellung im Unternehmen, nicht eine Eigenschaft der Mitarbeiter. Die „Möhren"-Ideologie, Leute leisten nur etwas, wenn man ihnen „Möhren" (Boni, variable Gehaltsbestandteile) in Aussicht stellt, wird nicht mehr geteilt. Eher gilt Deci ´s intrinsische Motivationstheorie, in der nachgewiesen wird, dass der Versuch intrinsische Motivation („ich mache etwas engagiert, weil es mir Freude macht") in extrinsische („du bekommst das jetzt als Zielvorgabe und wenn Du genau unsere Vorstellungen erfüllst, sogar noch ein bisschen mehr Geld") umzuwandeln, zum Verlust von Motivation führt. Zurück zum Geld: Bei beidem – Self Set Salary und Rankingsystem – entscheidet letztlich ein gewähltes Komitee. Dies führt auch dazu, dass jemand einmal mehr an Gehalts-Zuwachs bekommen kann, als er erbeten hat.

**Bewertung der neuen Unternehmensorganisation**

Lalouxs Input in die Organisationsdiskussion ist zu würdigen. Er hat einen wesentlichen Anstoß gegeben. Ob die Stufentheorie so eindeutig ist, bleibt fraglich. Allerdings: dass Hierarchie Probleme bringt, dass Firmenkulturen oft wie steinzeitliche Oasen in der demokratischen Welt wirken, ist nicht neu. Dennoch hat die westliche Wirtschaftsverfassung aufgrund des Privateigentums an Produktionsmitteln etwas Hierarchisches. Aber die Welt verändert sich. Kognitive und emotionale Komplexität gehören zu den sechs großen Megatrends „Eine Welt, Ausdehnung des Alters, Frauenpower, Ressourcenbeanspruchung, kognitive Komplexität, Emotionale Komplexität" (Mohr, 2015, S. 143 ff.). Kognitive Komplexität meint die zunehmende Undurchschaubarkeit technischer Produkte. Konnte früher ein begeisterter „Schrauber" noch ein Auto reparieren, ist es heute aus hochkomplexen Modulen zusammengesetzt, bei denen die einfache Reparatur nicht mehr funktioniert. Emotionale Komplexität bezieht sich auf die Zunahme der sozialen Vielfalt in der Welt, aber auch der Beanspruchung in der Arbeitswelt, die entsprechende emotionale Verarbeitungsprozesse nötig macht. Die Welt wird also für den Menschen komplexer.

Aber soll eine Organisation selbst überhaupt ein komplexes System sein? Bisherige Konzepte haben immer versucht, das zu vermeiden. Predict and Control war immer angesagt. Der Taylorismus mit seinen genauen Bewegungsvorschriften oder der Bürokratieansatz von Max Weber wurden entwickelt, um „das Ganze einfach zu machen". Der Shareholder-Value-Ansatz in den 1990er Jahren war dann die neoliberale Spitze dazu. Die Grundidee darin war nicht nur das Primat der Kapitaleigner (Shareholder), sondern die Idee der einfachen Steuerung an einem Parameter. Dazu hilft die Principal-Agent-Beziehung. Die Kapitaleigner (Principals) müssen die Manager (Agents) zur Verfolgung ihrer Ziele bringen. Dies bedeutet implizit, dass selbst die Manager nicht von sich aus so handeln, wie es im Interesse der Kapitaleigner ist, sondern dazu gebracht werden müssen. Etwa mittels Boni, wie in großen Banken, wo sich die Führungsebene einen Großteil der Unternehmensgewinne selber ausschüttet.

So hat sich in der Shareholder-Value-Ideologie sogar die Lösung dieses vermeintlichen Problems fatal entwickelt, wenn die Agents die Ziele der Kapitaleigner in kurzfristig möglichst hohen Gewinnen erfüllten. Die Kurzfristigkeit wurde durch Quartalsberichte festgelegt. Die Logik des institutionalisierten Misstrauens, dass Menschen ihre Arbeit eigentlich von sich aus nicht steuern können, beherrscht die bisherige Organisationswelt. Auch das Misstrauen gegenüber intrinsischer Motivation ist tief verwurzelt. Im Umgang mit Homeoffice zeigt sich diese Furcht ebenfalls.

Der Verdacht, dass gerade die betriebswirtschaftlich-strukturorientierten Unternehmensberater eine Art Expertentum in Unternehmen hineinwerfen, das aus heutiger Sicht die Probleme nicht löst, sondern in dramatischer Weise verschärft, ist nicht von der Hand zu weisen. Die klassischen Unternehmensberater sind nie innovativ, sondern immer nur „Stimmungsfolger". Vielfach werden die großen Namen der Branche nur aus Legitimationsgründen eingekauft, damit schwache Vorstände etwas nachweisen können. Die dann in Unternehmen in linearer Manier eingeführten Benchmark-Konzepte bleiben sehr fraglich. Diese Art des Change hat zur Steigerung der Demotivation in Organisationen beigetragen.

Geht man jetzt einmal davon aus, dass Organisationsmodelle wie das von Laloux interessant sein könnten, wären zur Einführung des neuen Organisationsmodells zwei Möglichkeiten zu prüfen:

- die Anwendung in einem neugegründeten Unternehmen,

- die Veränderung eines bestehenden Unternehmens.

Der erste Fall scheint sich mit den Selbstführungsstrukturen sehr viel leichter zu tun als der zweite, in dem die hierarchischen Denkweisen in den Köpfen der Organisationsmitglieder inkludiert sind. Dies bekamen die sogenannten „agilen Organisationen" zu spüren. Solange Linienvorgesetzte über Beförderung und Gehalt entscheiden, vertreten die ins Projekt geschickten Mitarbeiter dort sehr stark die Interessen ihrer Linienabteilung (und deren Hierarchen) und erst in zweiter Linie sind sie agil im Projekt. Wirkliche „Agilität" ist also nicht im alten System zu bekommen. Aber es kann ein Schritt auf dem Weg sein.

## Hierarchie als kulturelles Skript

Das Problem ist, dass Hierarchie in unserem kulturellen Skript enthalten ist. Wir denken in Hierarchien. Sie formen seit Menschengedenken den Bezugsrahmen. Fast alle gesellschaftlichen Bereiche (Politik, Staat, Wirtschaft, Krankenhaus, Religion, Kirche, ...) sind noch hierarchisch aufgebaut. Fast überall in der Welt werden Kinder in der Schule hierarchisch zur Anpassung gebracht.

Deutsche Unternehmen sind interessanterweise historisch bedingt weniger einzelhierarchieorientiert als die in vielen anderen Ländern. Der rheinische Kapitalismus mit Mitbestimmung hat die Hierarchie nicht grundsätzlich aufgelöst, aber doch andere Elemente mit hinein gebracht. Verglichen damit wird die französische Unternehmenskultur schon merkbar autoritärer, patriarchalischer und hierarchischer erlebt als die deutsche. Und in nahöstlichen und fernöstlichen Kulturen sind autoritär-hierarchische Strukturen erst recht verbreitet. Allenfalls die niederländischen und die skandinavischen Unternehmenskulturen ähneln in Bezug auf die Mitbestimmungsmöglichkeiten der Mitarbeiter der deutschen Unternehmenskultur. Sprachen die neoliberalen Ideologen in den 1990ern noch vom German Patient, wenn sie deutsche Unternehmen betrachteten, so zeigte sich nach der Finanzkrise die Resilienz der deutschen Wirtschaft. Die Struktur sozialer Marktwirtschaft mit ihrer Lohnfortzahlung und anderen Maßnahmen haben die letzten Wirtschaftskrisen in Deutschland leichter erträglich gemacht. Diese implizite, durch viele Kämpfe und glückliche Umstände – etwa die durch die englische Labour-regierung in der Besatzungszeit nach dem 2. Weltkrieg beein-flusste Montanmitbestimmung – aufgebaute Gemeinwohlorien-tierung hat ihre Früchte getragen. Dennoch bleiben auch deut-sche Unternehmen weiterhin hierarchisch strukturiert. Die exorbi-tante Managergehälterexplosion seit den 1990er Jahren hat den Graben zwischen denen da oben und den einfachen Mitarbeitern vertieft, wurde aber auch von den gewerkschaftlichen und Ar-beitnehmervertretern in den Aufsichtsräten mitgetragen. Sie ver-halten sich sehr systemkonform. Ein von mir drauf angesproche-ner Betriebsrat in einem großen Unternehmen antwortete mir: „Also weißt Du, Du musst verstehen, wir geben dann an der Stel-le etwas zu, dann bekommen wir an anderer Stelle etwas zu-rück". „Eine Hand wäscht die andere" führt zum Erhalt von Sys-temmustern.

Aber lässt sich Hierarchie wirklich vermeiden? Die Antwort heißt: „theoretisch nicht ganz, aber praktisch deutlich". Das Kon-zept Holacracy zeigt, wie kleinteilig man dann aber auch Rollen, Kontrakte und „Tension"-Bewältigung durchdenken muss (Ro-bertson, 2016). Es ist äußerst mühsam, immer wieder Dinge auszuhandeln. Auch deshalb scheint die Herrschaft der Hierar-chie-Traditionalisten („hat es doch immer gegeben") in den men-talen Modellen der Menschen verankert. Hierarchie scheint seit Jahrtausenden das gewohnte mentale Modell der Menschen zu sein. Es vereint die, die gerne herrschen und die, die nicht so gerne Verantwortung übernehmen. Die Transaktionsanalytikerin

Fanita English hat einmal von den Überverantwortlichen und den Unterverantwortlichen gesprochen. Überverantwortliche versuchen andere zu bestimmen, Unterverantwortliche schieben Verantwortung ab.

Aber hat die neue Organisationstheorie nicht die Rechnung ohne den Kapitalmarkt"wirt" gemacht? In traditionellen Unternehmen ist alles auf die Vorhersagbarkeit der Prozesse und auf die aktive Steuerung und Lenkung der Menschen in der Organisation gerichtet. Der Kapitalmarkt will die Vorausschau haben. Die Kapitalisten, wie die Shareholder früher genannt wurden, wollen sie. Und die schärfsten Renditeanforderungen an fremde Unternehmen wurden in den letzten Jahren nicht von typischen Kapitalisten sondern von den Vertretern der Arbeiterpensionsfonds großer amerikanischer Firmen gestellt. Die neuen Organisationen brauchen also auch ein gemeinwohlökonomisches Umfeld, das nicht von übertriebenen Kapitalmarktinteressen bestimmt ist  (Felber, 2010; Mohr, 2015). Wohlgemerkt, die Stakeholder Kapitalgeber (Fremdkapital und Eigenkapital) können eine angemessene Rendite verlangen. Allerdings sollte das nicht auf Kosten von Billiglöhnen bei den Arbeitnehmern gehen. Dennoch bleibt im Kontext der neuen agilen Wirtschaft die Rolle der Kapitalgeber interessant, die Agilität und New Work aus ihrer Interessenperspektive zu Effizienzsteigerungen nutzen möchten.

**Schlussfolgerung: Was ist neu an Laloux?**

Die Antwort ist: „im Prinzip nichts". Alles wurde schon mal angedacht. Gerade aus Sicht der systemischen Organisationstheorie und Organisationsentwicklung ist hier vieles bekannt. Aber der Kontext und die Zeit sind anders. Der Personal- und Arbeitsmarkt (VUCA-World) hat sich durch die relative Knappheit des Fachkräfteangebotes und das Auftreten einer neu orientierten Generation (Generation Y) verändert. Interessant ist aber auch ein anderer Zusammenhang. Der weitgehenden Beteiligung und Selbstorganisation steht heute eine andere Bewegung zur Bewältigung der Komplexität gegenüber. Der Kitsch ist dabei, die Macht zu übernehmen, wie es der Innsbrucker Professor Pelinka beschreibt. Was Kitsch in der Kunst ist, das Vereinfachte, Simplifizierte, einen oberflächlichen Alltagsgeschmack Befriedigende, stellt der Populismus in Gesellschaft und Politik dar. Die Komplexität der Welt, sowohl die emotionale aber auch schon die kognitive, wollen viele Menschen einfach nicht mehr anerkennen. „Postfaktisch" wird die Sichtweise, man hat „alternative Fakten". Gerade auf diesem Hintergrund ist das Ausprobieren und Weiterdenken demokratischer Verfahren gerade in der Wirtschaft höchstwichtig und dazu gehören die neuen Organisationsmodelle. Die Chance wäre da, aber die Köpfe (Bezugsrahmen, kulturelles Skript) müssen frei werden und dieses Gegenmodell zum Populismus muss mit aktiver Verantwortung getragen werden.

## 3. Holacracy, Sociocracy und Dynamic Governance – neue Ansätze in der Organisationstheorie

Holacracy ist ein weiterer neuer Ansatz, der versucht in Organisationen neue Strukturen zu implementieren, die das klassische Hierarchiesystem überwinden. Holacracy wurde von dem Amerikaner Brian Robertson konzipiert. Er setzt aber Gedanken um, die vorher schon in Holland als Sociocracy entwickelt und auch unter Dynamic Governance diskutiert wurde. Die folgende Analyse dieser Ansätze bezieht sich auf die Bücher und die zugänglichen Vorträge von Brian Robertson, aber auch auf Erfahrungsberichte zu diesem Konzept. Zu modernen Managementkonzepten finden sich auf YouTube sowohl zu Holacracy als auch Sociocracy Darstellungen, ebenso wie Beispielanwendungen, aber auch kritische Beiträge.

Zu Beginn des Buches „Holacracy – The Revolutionary Management System that Abolishes Hierarchy" (das revolutionäre Managementsystem, das Hierarchie abschafft) von Brian J. Robertson steht das Beispiel einer Fußballmannschaft, die blitzschnell spielen und blind kombinieren kann, weil jeder seine Rolle perfekt wahrnimmt. Sollte aber nach der Halbzeitpause der Torwart einfach nach vorne gehen, um auch einmal aufs Tor zu schießen oder andere Spieler sich dazu entscheiden, dass ihnen der Rasen im linken Mittelfeld besser gefiele und sie sich dort vorzugsweise aufhielten, ginge einiges durcheinander. So aber ist es oft in Organisationen. Sobald Menschen in einer Gruppe zusammenkommen neigen sie dazu, ihre eigenen, individuell gelernten Bewältigungsmuster zu zeigen.

Sie durchlaufen dabei bestimmte Phasen, wie es in der Teamuhr von Bruce Tuckman oder auch in der Entwicklung des inneren Gruppenbildes einer Person, wie es der Gründer der Transaktionsanalyse, Eric Berne, beschreibt, deutlich wird. Rollen und Rollenwahrnehmung sind also wichtig für das Funktionieren und den Erfolg einer Organisation.


**Rollen**

Der Organisationssoziologe Niklas Luhmann beschrieb die Organisation idealtypisch als ein Kommunikationssystem, aber nicht zwischen den persönlichen Seiten von Menschen, sondern zwischen Rollen. Robertson fokussiert auf klare Rollenbeziehungen. Insofern hat er sich sehr viel Mühe gemacht, das zu beschreiben, was sonst fälschlicherweise in Organisationen als implizit gegeben gilt. Denn häufig sind gerade die Aufgaben, Rechte und Verpflichtungen von Rollen in den Beziehungen nicht explizit, sondern werden per Gewohnheit angenommen und gelebt. Man unterstellt dabei eine Art Common Sense (gesunden Menschenverstand): „Ja, wir wissen doch alle, was Führung ist". Hauptgrund für das Ausscheiden von Mitarbeitern aus einer Firma ist allerdings die direkte Führungskraft. Über die wichtigste Variable in Organisationen, die nachweislich über den Verbleib von Mitarbeiter in Unternehmen und anderen Organisationen entscheidet, die Führung, wird nicht gesprochen geschweige denn verhandelt. Man hat ja angeblich anderes zu tun. Man ist ja auch nicht zum Reden da. Dieser Trugschluss ist oft ein Riesenproblem für Organisationen.

Rollen und ihre Einhaltung, also Rollenstabilität stellen einen zentralen Faktor für die Effektivität von Organisationssystemen dar. Das ist natürlich nicht nur in der Verantwortung der Führungskräfte, sondern auch der Mitarbeiter. Führung ist eine Beziehungskonstellation und zwar eine Dreiecksbeziehung (Mohr, 2000).

Holacracy hat dazu eine Constitution (eine Musterverfassung) erarbeitet, die auch immer wieder überarbeitet wird und im Internet veröffentlicht ist. Es ist das Dokument der Kernregeln, Strukturen und Prozesse des Holacracy-Systems zur Steuerung und zum Managen einer Organisation. So beginnt die „Constitution v4.1", mit der Definition der Rolle (Article I - Energizing Roles).

Eine Rolle wird definiert durch drei Aspekte:

- einen Zweck („purpose"),

- ein oder mehrere Zuständigkeitsbereiche („domains")

- und Rechenschaftspflichten („accountabilities").

Die erste Verantwortung und Aufgabe in einer Rolle ist den Zweck der Rolle aktiv einzubringen, ihre Zuständigkeit wahrzunehmen und damit zusammenhängend die Bewältigung von

Spannungen („tensions") zu klären, die erfahrungsgemäß entstehen.

Der Zweck der Rolle (Purpose of the Role): beantwortet die Frage, warum es die Rolle gibt (Why does it exist?). Der zweite Aspekt wird im Englischen mit Accountability, einer Art Rechenschaftspflicht bezeichnet. Darin stecken Haftung, Verantwortung und Rechenschaft. Die klare Rolle soll das Antihierarchische verkörpern (You're the leader in your role).


**Kreise (Circles)**

Rollen werden zu Kreisen („Circles"), wenn eine Person eine Rolle nicht mehr allein ausfüllen kann. Die Kreise erhalten dann auch bestimmte Rollen, die die innere Struktur und die Außenvertretung darstellen. Zuerst war ich verwirrt, dass der Kreis als Rolle definiert wird. Dies macht aber Sinn, insofern der Kreis eine Rollenaufgabe für alle hat. Im Folgenden werden einige spezielle Rollen charakterisiert:

**Die Lead-Link-Rolle:** Sie vertritt den Kreis und schützt die Grenzen des Kreises. Wenn jemand sich da unbefugt hineinbegibt, werden ihm die Grenzen gezeigt. Das heißt, die Lead-Link-Rolle schützt die Membran und beobachtet, wie etwas, das von außen kommt, vom Kreis und seinen Rollen aufgenommen werden kann. In meinem Ansatz der Systemdynamiken werden in den Dynamiken „Äußere Pulsation" und „Innere Pulsation" die Situationen an den äußeren und inneren Grenzlinien, denen zwischen Subsystemen, in ihrer Bedeutung gewürdigt und einer näheren Betrachtung unterzogen (Mohr, 2006).

Die Lead-Link-Rolle ist damit eher so etwas wie der Libero im Fußball. Auch wenn etwas nicht besetzt ist, tritt die Lead-Link-Rolle ein. Sie vertritt dann den ganzen Circle. Außerdem hat diese Rolle auch ein Auge auf den Differenzierungsprozess der Rollen innerhalb des Circles.

„Der Lead-Link vertritt den übergreifenden Sinn des gesamten Kreises" (S. 48). Die Aufgaben wie „Zuweisung von Rollen innerhalb des Kreises", „Governance des Kreises strukturieren", „Ressourcen des Kreises an die verschiedenen Projekte vergeben", „Prioritäten und Strategien für den Kreis definieren" oder „die Größe des Kreises definieren" ( S.48f.) hören sich sehr nach einem Teil Führungsrolle an.

Die Rolle des Lead-Links in der Holacracy ist im Gegensatz zur klassischen Führungskraft aber nicht, die Mitarbeiter adäquat und mit ihren Talenten etc. einzusetzen. Das bleibt Aufgabe der Mitarbeiter selbst.

**Die Rep-Link-Rolle:** Dies ist quasi der Kanal von innen aus dem Zirkel nach außen. Die Arbeit für die Rep-Link-Rolle sei nicht so groß wie die für die Lead-Link-Rolle, sagt Robertson. Der Rep-Link vertritt auch einen Circle bei anderen. Dies ist vergleichbar mit dem Syntegrity-Ansatz von Stafford Beer, der mit dem Kunstwort aus Synergie und Integration vorschlug, bei Meetings immer jemanden von der Nachbarabteilung dabei zu haben, damit der gruppendynamische Prozess der Gegnerbildung gar nicht erst entsteht.

Eine weitere Rolle ist die des **Facilitators**. Der spielt im Prozess der Behebung von Spannungen („tensions") eine wichtige Rolle. Es ist bedeutend realistischer davon auszugehen, dass es zwischen Menschen, selbst wenn alle guten Willens sind, immer wieder zu Konflikten kommt. Dafür sorgen Ressourcenknappheit, Interessenkonflikte und Persönlichkeitsunterschiede. Sprüche wie „Wir sind doch alles erwachsene Menschen" sind wenig hilfreich. Deshalb ist die Bereitstellung der Facilitator-Rolle sehr wichtig.

## Meetings

Die Steuerung und Entwicklung der Organisation geschieht sehr stark durch bestimmte Meetings. Es gibt zwei Formen: „Governance Meetings", bei denen es um die Definition der Rollen geht und „Tactical Meetings", bei denen es um das Alltagsgeschäft geht.

## Wie läuft ein Governance Meeting ab?

Robertson zeigt dies in einer Simulation in einem YouTube-Video. Außerdem findet sich dort ein Beispiel einer anderen Firma, die mit diesem Konzept arbeitet. In beiden wird ein sehr standardisierter Ablauf aus fünf Phasen verdeutlicht:

- Check in
- Organisatorische Anmerkungen
- Agenda aufstellen
- Durcharbeiten der Items
- Check out

Auch hier sind Rollen und ihre Einhaltung wieder sehr wichtig. So wird in der Simulation die Sitzung vom Facilitator eröffnet. Robertson macht im Beispiel einer simulierten Governance Sitzung eine interessante Aussage. Er bestimmt den Facilitator als reinen Sachwalter der Regeln. Der Prozess lenke die Leute, nicht der Facilitator. Der kümmere sich beispielsweise nicht darum, dass jeder dran käme, sondern nur dass die Regeln eingehalten würden. Insofern verlangt Robertson auch, dass der Facilitator zu Beginn jemand von außen ist oder ein hochtrainierter Insider.

Ein zweites verfügbares Beispiel stellt ein Team aus einer Holacracy-Organisation mit einer „Governance"-Sitzung bei „Evolving Organisation" vor. Darin werden Rollen geändert. Aufgaben werden aus Gründen der Geschäftsentwicklung von einer Rolle in eine andere verschoben, wozu alle bisher beteiligten Rollen zustimmen müssen.

(https://www.youtube.com/watch?v=d5KVOJomdCM). This is video transcript of a Holacracy governance meeting at Evolving Organisation. (http://www.evolvingorganisation.com/) (veröff. 16.2.2016, gesehen 22.2.2017, leider nicht mehr verfügbar, 21.6.2021).

**Tensions**

Im einzelnen: Nach dem Check in, was eher eine allgemeine momentane Befindlichkeitsäußerung bedeutet, folgt die Aufstellung der Agenda. Es wird gefragt, wer eine „tension" hat, die er hier gerne voranbringen („to process") möchte. Dazu kann jeder seine „tensions", hier definiert als Lücken zwischen aktueller Wirklichkeit und potenzieller, einbringen. Er muss allerdings ein „proposal", d.h. einen Vorschlag machen. Klagen allein geht nicht.

Danach gibt es zunächst Verständnisfragen zur tension und zum proposal. Dann sind Einwände („objections") möglich („Is there a reason to object this proposal because it causes harm or drives us backwards?" Gibt es einen Grund, diesen Vorschlag abzulehnen, weil er Schaden verursacht oder uns zurückwirft?"). Widersprüche oder Einwände müssen also mit einer Verschlechterung begründet werden.

Die Phase der objections bei Vorschlägen zur Lösung von tensions ist sehr interessant. Wichtig sei in dieser Phase, dass der Facilitator für die Einhaltung der Regeln sorge. Das Bemühen ist in dieser Phase ein nicht so seltenes Anreichern mit anderen Spannungen zu vermeiden. Es gilt dann, dazu immer einen Vorschlag zu machen („I want to propose that…."). Und Vorschläge und auch spätere Änderungsvorschläge zum Vorschlag müssen sich auf die ursprüngliche Spannung beziehen ("The changes and proposals have to correspond to the original tension").

Einwände müssen bestimmte Kriterien erfüllen. Würde der Vorschlag einen Schaden oder eine Verschlechterung bringen oder das Geschäft zurückwerfen? („Does it cause harm, does it drive us backwards?") Und ist er praktikabel und umsetzbar? („Is it workable?"). Es kann aber auch sein, dass es keine Gegenstellungnahme gibt („no objection"). Der Facilitator muss prüfen, ob die Gegenstellungnahme ihren Kriterien gerecht wird („Does the objection fulfill the rules of an objection?").

Im Simulationsbeispiel fordert Robertson die Teilnehmer auf, sich Spannungen vorzustellen („take your tensions, embody them, swallow them") und diese regelrecht zu verkörpern. Es stellt sich allerdings die Frage, ob man so simulieren kann, was im Alltag an tatsächlichen Spannungen auftritt. Es erinnert etwas an psychotherapeutisches Herangehen an Situationen, was im Kontext Organisation allerdings verwundert.

Interessant wird an dieser Stelle, dass der Schwerpunkt der Klärung, wenn es zu „tensions" kommt, im Bereich der nüchternen, sachlichen Rollenklärung liegt („there is a kind of power in this rigidly structured process,…, somehow emotions are defined away)".

Im Gegensatz dazu folgen viele klassische Teamentwicklungsmaßnahmen einem eher persönlichen beziehungsmäßigen Annäherungsmodel, dass sich die Teilnehmer besser kennenlernen und verstehen müsse. Die wird etwa im transaktionsanalytischen Gruppenentwicklungsmodell des Gruppenimagos vertreten. Da besteht der Verbesserungsweg der Zusammenarbeit in der Entwicklung eines fortgeschrittenen Gruppenbildes in dem Sinne, dass man jedes Individuum in der Gruppe gut kennt und eine individuelle Beziehungen zu ihm hat.

Wenn der Governance Process in einer Holacracy-Organisation länger läuft, wird sich auf der Rollenebene das entwickeln, was im klassischen Modell auf der persönlichen passiert, nämlich es entsteht ein Bewusstsein über das, was dem anderen wichtig ist. Es ist allerdings fokussiert auf die Rollenebene. Die persönliche Ebene bleibt im Hintergrund, vielleicht unterschwellig vorhanden.

In einer längeren Diskussion Robertsons zur Lead-Link-Rolle mit einer Kollegin (YouTube-Video) werden die Herausforderungen der Meetings deutlich, die letztlich in immer vorhandenen gruppendynamischem Prozessen und bestimmten Persönlichkeitsstrukturen ihre Ursache haben. Die Energie und Dynamik, die dadurch hineinkommt, lässt sich nicht durch irgendein cleveres Vorgehen aushebeln. Im Beispiel mit der Kollegin wird schon deutlich, wie sie bedeutend kleinteiliger und an Detailfestlegungen interessiert argumentiert, während Robertson selbst eher eine weiche, lange Leine gebende Richtung vertritt.

Sehr spannend wäre, die Rollenvorstellung in Holacracy einmal mit dem Rollenmodell in der systemischen Transaktionsanalyse (Schmid, 1994, 2003; Mohr, 2000, 2006, 2015) zu vergleichen. Die dort verwendete psychologische Rollendefinition als kohärentes Muster aus Denken, Fühlen und Verhalten sowie zugehörigen Beziehungen und Wirklichkeitsvorstellungen hat den emotionalen und den Wirklichkeitssichtsaspekt berücksichtigt, weil Rollen den Träger erfahrungsgemäß in einer bestimmten Weltsicht und Haltung sozialisieren. Die Rolle geht in Fleisch und Blut über. Dies ist in amerikanischen Modellen, mit ihren trotz vieler Identifikationsappelle deutlich stärkeren Unabhängigkeitsvorstellung des Einzelnen, auch vom beruflichen Tun her erst einmal fremd. Aber in den Kulturen, in denen der Beruf und die Arbeitsstelle oft nach dem Modell der lebenslangen Zugehörigkeit und als erste Identifikation („Was machen Sie?" „Ich bin...") gewählt wird, ist die Vorstellung „ich nehme eine Rolle ein und die Rolle nimmt mich ein" sehr viel stärker. Dies zeigt sich auch in anderen kleinen Details, etwa dass in Deutschland Geld „verdient" wird und in Amerika „gemacht" („I make my money from...").

Aber auch in der Rollenbetrachtung gilt: Die Offenheit, eine solche Diskussion, bei der nicht alles wie geschmiert läuft, ins Netz zu stellen, ehrt die Autoren.

David Allen, der Autor von „Getting things done" und ebenfalls ein ständig nach Verbesserung Suchender berichtet, dass er in seinem Unternehmen fünf Jahre brauchte, um das „Betriebssystem" seines Unternehmens in Richtung Holacracy zu verändern (Robertson, 2016). Auch Allen hat sein Unternehmen top down verändert. Wir finden diesen Weg verschiedene Male. Nicht als Basisrevolution, sondern durch einen überzeugten Unternehmenslenker wird die Veränderung angestoßen.

Hier zeigt sich bei Robertson Ansatz auch ein ziemlicher Gegensatz zu manchem dialogischen Ansatz in der Tradition von Bohm, Buber oder Issacs, in denen deutlich mehr Vertrauen in das positive Wirken des Sprechens im Kreis an sich herrscht.

Verglichen mit Lalouxs eher gesamtorganisatorischem Ansatz ist Robertsons Modell ein konkreter Vorschlag, wie Rollen definiert werden können und wie aus diesen Rollen heraus dann Themen vorangebracht und Probleme gelöst werden können. Die Vorgehensweise der Meetings hat Ähnlichkeit mit der kollegialen Beratung. Entsprechend kann sie sich auch mit den Erfahrungen der Einführung kollegialer Beratung in Firmen messen lassen. Und eine Erfahrung ist hier, dass nach einer gewissen Zeit der Prozess kollegialer Beratung aus irgendwelchen Gründen erlahmt, sei es weil andere, mehr praktische Themen da sind, sei es weil die Rollen nicht eingehalten werden.

## Rolle und Person

Insgesamt wird in Holacracy schon der Versuch deutlich, „das Menscheln" hinauszudefinieren. Es wird nicht recht klar, was dieses System mit den Menschen macht, die einfach aufgrund ihrer Persönlichkeit eine große Neigung zu destruktiven „Psychospielchen" haben. Das Menscheln besteht durchaus nicht nur aus Missverständnissen oder noch nicht vollzogenen logischen Überlegungen, sondern auch darin, dass viele Menschen Bühnen suchen, ihre persönlichen Muster irgendwo auszuleben und andere Menschen auf ihre Bühne zu ziehen. Die destruktiven persönlichen Muster resultieren aus ungelösten Themen des Skripts, des unbewussten Lebensplans (Mohr, 2008, 2010). Das führt nicht selten zu persönlich verursachten Konflikten. Konflikte können unterschiedliche Ursachen haben, von denen man drei Schwerpunkte betrachten muss

- Konflikte aus Interessenunterschieden,

- Konflikte aus Persönlichkeitsunterschieden und

- Konflikte aus Wahrnehmungsunterschieden.

Die beiden letzteren sind auch sehr durch kulturelle Unterschiede beeinflusst. Und vor allem gibt es durchaus ein Zusammenwirken der unterschiedlichen Ursachenfelder. Jemand mit einer stärker narzisstischen Persönlichkeit wird, wenn er ein Interesse einer Abteilung vertritt, deutlich weniger von der Wahrnehmung des anderen oder auch dem großen Ganzen geprägt sein, als jemand, der von Voneherein eine kooperative Einstellung mitbringt. Wie wird das von den Prozessen gelöst?

Damit stellt sich hier eine Frage, die sich auch viele Praktiker in Organisationen gestellt haben, wenn sie das Verfahren der kollegialen Beratung in Organisationen einführen wollten (z.B. Mohr, 2015). Man kann sich zwar auf die Theorie X und Y nach McGregor beziehen, nach dem die Führungskraft mittelfristig die Mitarbeiter hat, die ihrer eigenen Einstellung gegenüber Mitarbeitern entspricht. Dennoch löst das nicht alles.

# 4. Auf dem Hintergrund von VUCA

Schneller, unberechenbarer und gefährlicher? Schon die normale Welt ohne traumatische Schicksalsschläge stellt gerade hohe Anforderungen. Dies wird heute manchmal VUCA-Welt genannt. Volatilität (die schnellen Veränderungen), Unsicherheit, Complexity bzw. Komplexität und Ambiguität (Uneindeutigkeit der Vorkommnisse) kennzeichnen den Beginn des 21. Jahrhunderts.

Die Geschwindigkeit der Veränderungen in der Welt hat sich erhöht. Dies wird mit der *Volatilität*, dem Begriff für die schnellen Schwankungen von relevanten Daten und Kontexten, zu erfassen versucht. Ob die Sicherheitslage in einem Land oder auch die Seriosität und damit Kreditwürdigkeit eines Kunden (siehe VW oder Deutsche Bank) – schnelle Veränderungen sind die Herausforderung. Was zunächst nur für die Börsenschwankungen angenommen wurde, ist nun für viele Lebensbereiche zum Thema geworden. Gleichzeitig wird in einer Art Gegenbewegung versucht, alles berechnen zu wollen. Das menschliche Verhalten wird in Algorithmen gepackt, die möglichst viel voraussagen sollen. Wie sich diese Algorithmen wiederum auf das Leben wirken, erklärt der Journalist Christoph Drösser in seinem Buch „Total berechenbar" (Drösser, 2016). Auch diese „berechnende Welt", erscheint den Menschen nicht gerade geheuer, weil sie mit dem Ziel unserer Beeinflussung erfolgt. Manche glauben gar ein Überwachungsstaat wie in George Orwells legendärem Buch „1984" werde Wirklichkeit. Ein Ergebnis ist eine große *Unsicher-*

*heit*, die das Empfinden vieler Menschen kennzeichnet. Die Erwartung in Wohlstandsgesellschaften ist aber gerade ein Gefühl der Sicherheit. Wohlstand bedeute Sicherheit. Täglich wird suggeriert, man könne alles versichern, sich gegen alles absichern. Man muss nur dafür bezahlen, dann verliert das Leben seine Bedrohungen. Und wer das nicht hinbekommt, hat eher selbst ein Problem. Der Mensch ist in seiner Schwankung zwischen dem lange Zeit vorhandenen Schicksalsglauben und der Machbarkeitsidee zu sehr auf den zweiten Pol fokussiert worden. Manche nennen es den „Machbarkeitswahn". Diese Polarität zwischen Schicksalsglauben und Machbarkeitswahn wird von der Daseinsanalytikerin Alice Holzhey-Kunz (2014) sehr schön beschrieben. Die Sozialwissenschaftlerin Herrad Schenk (2000) spricht gar vom Machbarkeitsmythos. Seit der Aufklärung hat der Glaube an ein vorherbestimmtes Schicksal und das Annehmen der höheren, eingreifenden Macht nachgelassen. Das Zurückweichen des Schicksals führt zunehmend zur Ideologie „Alles ist machbar". Die ungeheure Schöpfungskraft des Menschen, die gerade im Bereich der Technik die segensreichsten, aber gleichzeitig potenziell gefährlichen (z.B. Atomkraft, Gentechnik) Erfindungen macht, steigert die Unsicherheit des Menschen. Das Ausgeliefertsein des Menschen an den Zufall, zumindest an das Leben mit all seinen unberechenbaren Seiten wird mit verschiedenen Mitteln zu bewältigen versucht. Der Philosoph Odo Marquard nennt es so: „Früher wurde nichts gemacht, dann wurde einiges gemacht, jetzt wird alles gemacht" (zit. nach Holzhey-Kunz, 2014).

Unsicherheit ist mehr als Risiko. Risiko wird in Investitionsentscheidungen in Szenarien und Wahrscheinlichkeiten abzubilden versucht. Unsicherheit ist aber nicht berechenbar. Sie knüpft an das Archaische des Menschen, das Ausgeliefertsein an das Leben an. Lange war in der Welt der Glaube an ein von außen gelenktes Schicksal vorherrschend. Dieser Glaube verliert in der westlichen, vorwiegend christlich geprägten Welt, in der einem personalen Gott die Zuständigkeit zugesprochen wird, genauso wie in der östlichen Welt, in der man eher die Lenkung durch den karmischen Zusammenhang zwischen einzelnen Leben annimmt, an Boden. Gleichzeitig spüren die Menschen, dass nicht alles machbar ist. So bleibt es eine der Fragen, die für die Menschen offen sind.

Zu den schnellen Veränderungen und vor allem ihrer ständigen Abbildung, wenn nicht sogar Inszenierung durch die Medien insbesondere bei tragischen Ereignissen, kommt als drittes die *Komplexität* hinzu. Komplexität, die Vielfalt von Aspekten in wenig systematischen Zusammenhängen, ist für Menschen eine hohe Herausforderung. Sie betrifft die reine Aufnahmefähigkeit und das Verstehen genauso wie die damit eng verbundene emotionale Seite, wenn man etwas nicht überblickt oder sozusagen „keinen Plan" hat. In heutigen Projekten spielen so viele Gesichtspunkte eine Rolle. Ein größeres Bauvorhaben hat so viele Beteiligte, Interessen und Aspekte zu beachten, dass kaum ein Projekt noch in der geplanten Zeit realisiert werden kann. Aber auch auf der kleinen persönlichen Ebene scheint die Komplexität so hoch zu sein, dass Entscheidungen lieber aufgeschoben werden, was dann implizit auch wieder eine Entscheidung ist. Die Frage „Soll ich Kinder bekommen?" ist nur ein Beispiel für einen sehr grundlegenden menschlichen Lebensprozess, der aber heute dem Optimierungsgedanken unterworfen wird. So passiert es nicht selten, dass Paare das Kinderkriegen fast oder ganz verpassen. Bei der Komplexität ist auch die Unterscheidung zwischen technischer und emotionaler Komplexität, die ich beide im Buch „Systemische Wirtschaftsanalyse" als Megatrends beschrieben habe (Mohr, 2015), wichtig. Dass wir heute bei kaum einer technischen Errungenschaft mehr die Zusammenwirkenseinheiten verstehen können, ist ein Trend. Ein zweiter betrifft die emotionale Komplexität, dass es bei einem Thema heute oft eine Vielzahl von verschiedenen Perspektiven und Meinungen gibt. Anders als früher, ist es jedoch leichter, Meinungen zu verbreiten. Hatten früher die öffentlich-rechtlichen Medien die Hoheit bei Nachrichten und Einschätzungen und die paar privaten Rundfunk- und Fernsehanstalten schlossen sich ihnen an, besteht heute die Möglichkeit sehr viel radikalere bis hin zu Fake News oder Verschwörungsnachrichten zu verbreiten.

Mit der Komplexität hängt auch die *Ambiguität* zusammen. Darunter ist die Mehrdeutigkeit von Phänomen zu verstehen. Man kann sie sehr unterschiedlich deuten. Situationen entstehen aus vielen Gründen. Was auf den ersten Blick plausibel erscheint, verliert durch Bewusstwerden weiterer Elemente oder einfach durch die Zeit an Aussagekraft. Auch seit der „systemischen Revolution" in den 1980er Jahren ist die Welt nicht mehr so eindeutig. Damals wurde erklärt, dass es nicht eine allseits gültige Wirklichkeit gibt, sondern alles eine subjektive Konstruktion der Welt ist. Gab es vorher die Idee, dass man, wenn man nur lange genug überlegt und sucht, die richtige und feste Lösung finde, ist die Wahrheitsfindung mittlerweile nicht mehr Programm. Es geht bei vielen Fragen „nur noch" darum, eine praktikable Lösungsrichtung zu finden. Lange Zeit wurde durch Ausblenden wichtiger Aspekte eine einfachere Lösungssituation geschaffen. Autoritäre Festlegung, was und wer wichtig ist, versuchten hier etwas zu lösen. In demokratischen, pluralistischen Gesellschaften mit Menschenrechten ist dies kaum mehr möglich – und zwar zum Leidwesen vieler Menschen, die zu einfachen und schnellen Lösungen tendieren. Bei Resilienz geht es auch um das Aushalten dieser Spannungszustände, um die Erkenntnis, dass es manchmal keine schnelle Lösung gibt.

Ambiguität bedeutet in vielen Fällen auch Ambivalenz, gegenläufige bis unvereinbare Situationen in den Zielsetzungen und Interessen. Im Extremen liegen manchmal sogar Dilemmata vor, die sich durch unvereinbare Aspekte auszeichnen. Diese können nicht gelöst werden, ohne dass ein Preis gezahlt wird. Das alles in Win-Win-Situationen umformuliert werden kann, ist oft ein Mythos. Manche Lösungen verlangen einen beträchtlichen Preis.

Auf dem Hintergrund der VUCA-Welt ist eine zeitgemäße, neue Orientierung der Menschen nötig. Natürlich ist VUCA nichts Neues. In der Historie war die Unsicherheit aufgrund der mangelnden Informationsmedien viel größer. Als die Germanen in das römische Reich einfielen, war die Unsicherheit der Menschen sehr viel größer als in heutigen Situationen. Als der dreißigjährige Krieg in Europa tobte, galt Gleiches. Als es in den Jahren 1815 und 1816 keine Sommer gab, wusste die Menschen nichts über die Ursachen. Heute wäre der Zusammenhang mit einem Vulkanausbruch in Indonesien in den Medien sogleich hergestellt. Dennoch zeigte Corona, wie sehr die Menschen Schwierigkeiten mit Unsicherheit und Komplexität haben, vielleicht gerade weil sie viele Jahre Sicherheit erleben durften.

Möglicherweise ist der Resilienzansatz hier eine Möglichkeit, Menschen wieder realitätsbewusster und robuster zu machen. Entsprechend wurde die Grundidee der robusten Widerstandsfähigkeit gegenüber widrigen Einflüssen auch auf größere Systeme übertragen. Ökologische Systeme, die durch Umweltverschmutzung bedroht waren, boten sich dafür als erster Forschungsgegenstand an. Später kamen dann Organisationen und Unternehmen hinzu (Mohr, 2017).

Die VUCA-Welt hat für Menschen einige Folgen:
- Besondere Stressfaktoren kennzeichnen die veränderte Wahrnehmung der Welt. Vielfach wird der Eindruck vermittelt, der Mensch funktioniere am besten als willfähriges Instrument der Konsum-, Arbeits- und Freizeitindustrie und definiere sein Glück als Summe der erlebten, möglichst teuren Events. Das dort geschaffene Menschenbild wird dem Men-

schen in seiner Ganzheit aber nicht gerecht, sondern reduziert ihn (vgl. Mohr 2014, „Achtsamkeitscoaching").

- Gleichzeitig gehen Bindungen zu größeren ehemals vertrauten Systemen verloren. Firmen und andere Systeme verändern so schnell ihre Bindungskultur und ihren „psychologischen Vertrag". Diese ungeschriebenen Abmachungen (psychologische Verträge) zwischen Firmen und Menschen (etwa „Wenn du gut arbeitest, kannst du immer bei uns bleiben, hast immer einen Arbeitsplatz") werden heute zu häufig gebrochen. Firmen, die auch immer eine Gemeinschaft von Menschen darstellen, werden wie eine Ware behandelt, als Ganzes gekauft und verkauft, wechseln die Orientierungspunkte der Führung. Oder sie werden von Managergruppen (z.B. VW oder Deutsche Bank) übernommen, die verantwortungslose Praktiken zulassen oder sogar aktiv unterstützen. Dies nimmt den Menschen Sicherheit und Bindungsgefühl (vgl. Mohr, 2015, „Systemische Wirtschaftsanalyse").

- Die Unterschiede zwischen Arm und Reich führen zu neuen Verwerfungen in den Gesellschaften. In bestimmten Teilen der Welt – etwa in Südamerika – ist sogar Menschenraub und Kidnapping zu einem alltäglichen Business geworden. „Gated Areas", abgezäunte Gelände für Menschen mit Wohlstand, charakterisieren das Leben schon in vielen Ländern. In einem Resilienzprojekt an der Hebrew University Jerusalem lernte ich eine Frau kennen, die in Mexico City in einer Shopping-Mall entführt wurde. Sie war ein Zufallsopfer, aber für ihr Leben traumatisiert.

- Menschen werden heute älter als früher. Einerseits stellt dies höhere Anforderungen an die Gesundheit, auch an die mentale Aktivität. Früher wandten sich alte Menschen der Religion zu. In Indien ist es Tradition, das letzte Lebensdrittel der Spiritualität zu widmen. Die traditionellen Religionen haben aber ihre Attraktivität verloren. Gesucht werden neue Orientierungen.

**Die Konsequenzen für Unternehmen**

Klassischerweise sind heute Firmen noch nach dem Pyramidenprinzip aufgebaut. Nach oben wird es enger und Hierarchie bestimmt die Entscheidungsprozeduren. Das „Ein Arbeiter kann eine Maschine kaufen" (Laloux, 2015) als Gegenmuster ist noch wenig verbreitet.

In Sachen Hierarchie sind die unterschiedlichsten Formen denkbar. Bei VW kam einmal ein neuer Topmanager (W. Bernhardt), der für die Produktion des Golfs zuständig wurde. Er machte sich zum Ziel die Produktionskosten pro Auto um 1000 Euro zu senken. Dazu berief er ca. 30 Teams ein und ließ sie Vorschläge machen, wie man die Produktionskosten des Fahrzeugs senken kann. Jedes Team hatte eine halbe Stunde für eine Präsentation und der Manager gab dann eine erste Rückmeldung, ob man mit seinem Vorschlag weiter im Rennen war. Dies erzeugte eine hochkonzentrierte Situation. Alles war allerdings auf eine Person zentriert. Der interessante Satz von Daniel

Cohn-Bendit, die Zeit der großen Männer sei vorbei, der eigentlich auf die Politik gemünzt war, trifft möglicherweise auch auf die Wirtschaft zu.

Der Vorteil von Holacracy ist, dass sich ausgiebig über die Rollen Gedanken gemacht wird. Das Thema der genauen Zusammenarbeit wird offen diskutiert und geregelt. Das Interessante daran ist, dass die Phänomene etwa der Konflikte zwischen Menschen und natürlich auch aufgrund von Interessen in Organisationen nicht geleugnet werden.

Was bleibt Holacracy im Kern? Holacracy ist ein Entwurf, Firmen mit neuen Entscheidungsprozeduren, die nicht auf der klassischen Hierarchie aufbauen, funktionieren zu lassen. Das Konzept von Brian Robertson lebt im Wesentlichen von der Struktur der Rollenbeziehungen und der Kommunikation. Holacracy ist damit ein neues Management-System, das die Grundidee der Dynamik der Märkte besser abzubilden versucht. Entsprechend dem Conant-Ashby-Theorem muss eine Organisation in sich ein Abbild von dem enthalten, was sie an Markt vorfindet.

Interessanterweise ist es oft so, dass es von oben ausgeht, top down, dass CEO-Patriarchen ihre Firma schon einmal in eine Holacracy-Firma umwandeln. Es braucht offensichtlich Menschen mit Verfügungsgewalt über Produktionsmittel und gleichzeitig weit fortgeschrittener persönlicher Entwicklung (Stichwort Reifegrad der Persönlichkeit, Mohr 2015).

Was ist das Problem der klassischen Hierarchien? Dort ist eigentlich nirgendwo festgelegt oder festgeschrieben, was die Hierarchie eigentlich bedeutet. Implizit wird davon ausgegangen, dass der Hierarch seinem Untergebenen etwas vorgeben oder anweisen darf. Aber es ist nicht klar, was seine Rolle wirklich ist.

Was dann in der Praxis passiert, ist ein Übertragungsprozess. Übertragungsprozesse beschreiben das Übertragen einer Erfahrung aus einem anderen Lebensbereich in den gerade relevanten oder aus einer früheren Zeit in die jetzige. Beispielsweise hängt das Funktionieren einer Führungsbeziehung sehr von diesen Prozessen ab. Sind sie konstruktiv, eine gute Führungsbeziehung stützend oder ist das Gegenteil der Fall?


**Entscheidungen und Macht**

Letztlich geht es bei Entscheidungen und bei Konflikten häufig auch um Macht. Etwa wenn eine Situation sehr festgefahren ist oder persönliche Aspekte Einzelner stehen einer Entscheidung im Wege.

Formal ist deutlich Macht in der Constitution implementiert. Zum Beispiel hat ein Secretary die Interpretationsmacht über die Constitution. Dem hat sich ein Secretary eines Subcircles oder ein anderer zu unterwerfen. Gleichermaßen übt der Facilitator Macht aus, in dem er auf die Einhaltung des Prozesses pocht.

Das System wirkt an diesen Stellen wenig flexibel. Es stellt sich die Frage nach der Fähigkeit, insbesondere emotional sehr aufgeladene Situationen zu bewältigen. Denn die lassen sich durch emotionslose Verwaltung des Entscheidungsprozesses eben nicht lösen. Dies hat auch zur Folge, dass Unternehmen in Krisenzeiten nicht ihr „organisatorisches Betriebsystem" wechseln sollten, weil das allein schon eine Krise ist. Es braucht wohl ruhige Zeiten, um ein System umzustellen.

Brian Robertson nennt Holacracy das „Meta-Game" für agile Organisationen (Robertson, B., veröff. 15.1. 2014; gesehen 22.2.2017; https://www.youtube.com/watch?v=POO0kH3iAKs.)


## Agile Organisation braucht den grundlegenden Paradigmenwechsel

Wenn die agilen Methoden eingesetzt werden im bestehenden Bezugsrahmen der Gewinnmaximierung und unter ständigem Beschleunigungsdruck, könnte es fatale Folgen für die Gesundheit der Mitarbeiter haben. Die ohnehin schon stark gestiegenen Zahl an Burn-out-Erkrankungen beruhen ja auf der entgrenzten Arbeit gerade engagierter Leute. Der Soziologe und Sozialphilosoph Hartmut Rosa hat eindrücklich beschrieben, was es braucht, damit die Beschleunigungsdynamik kompensiert oder in ihrer Schärfe vermindert wird, es braucht Resonanz (Rosa, 2016). Es braucht Resonanzerleben, das Rosa sehr speziell definiert. Resonanz besteht aus einer klaren Ursache, einem emotionalen Erleben, einem wesensmäßigen Angesprochensein, erfahrener Selbstwirksamkeit und einem erlebten, mindestens kleinen Fortschritts (Transformation). Resonanz ist auf drei Achsen erreichbar, in Beziehungen, in Tätigkeiten oder Objekten sowie in „großen Geschichten" (Natur, Kunst, Kultur, Spiritualität). Dazu kommt, dass Resonanzerleben nicht verfügbar ist, in dem Sinne dass man es willkürlich herstellen kann. Werbung verspreche dies, die Wahrheit ist allerdings anders.

Und Agilität braucht von Seiten des Unternehmensumfeldes andere Kriterien als alleine den Shareholder-Value, wie es durch die neoliberale Ideologie von 1990 bis 2008 nahelegt wurde und bis heute ihre Schatten wirft. Es braucht zunächst ökonomisch eine angemessene Vergütung aller beteiligten Gruppen am Unternehmensgeschehen. Ob Ideen wie die Fokussierung auf den „Purpose", den höheren Zweck eines Unternehmens hier helfen, ist sehr umstritten.

Das Fatale an den vielen modernen schnellen Methoden ist, dass, wenn sie nicht aus einer Gesamthaltung einer selbstorganisierenden Organisation heraus kommen – etwa einer die sich an den Prinzipien der Gemeinwohlökonomie orientiert – eher eine Verschärfung der Beanspruchung der Mitarbeiter entsteht.

Populismus entsteht auch aus dem Auseinanderreißen der Gesellschaft. Wenn Vorstandsmanager heute im Durchschnitt 58 mal soviel verdienen wie ihre Mitarbeiter und weitere Exzesse an der Tagesordnung sind. So hat – wie in der Presse zu lesen war – eine Vorständin von VW für 13 Monate Arbeit im Vorstand mehrere Millionen Euro bekommen, der Vorstandsvorsitzender wurde mit 3000 Euro in Rente geschickt und zwar pro Tag. Und dies in einem Unternehmen dessen Aufsichtsrat eine linke Mehrheit hat, mit 50 Prozent Arbeitnehmervertretern/Gewerkschaftern und 10 Prozent der Stimmen werden vom SPD-geführten Land Niedersachen beschickt, wie der Stern-Redakteur Hans-Ulrich Jörges anmerkte. So ein System bekommt ein Glaubwürdigkeitsproblem. Auch marktwirtschaftliche Argumente, die so gerne herangezogen werden, können dies nicht erklären.

Der fundamentale Unterschied in der Kultur eines Unternehmens liegt nicht in seiner grundsätzlichen Verfasstheit, etwa patriarchalischer Familienbetrieb oder sich selbstorganisierendes Start up. Es liegt in der Kultur, die gelebt wird. Werden die Menschen als Menschen anerkannt und wird ein fairer Kompromiss zwischen Person und Rolle gefunden?

Werden die modernen agilen Methoden allerdings auf dem Hintergrund der traditionellen Profit-, Zahlen- oder Sportideologie eingesetzt, so werden die Mitarbeiter verheizt. Eine Identifizierung kommt nicht zustande, weil die Menschen das Ausbeutungsverhältnis spüren. Ausbeutung bedeutet hier, dass die Menschen wissen, dass sie zu sehr für das Geld oder persönliche Allüren eines anderen arbeiten. Dass Kapitalgeber und Manager einen Anteil am erwirtschafteten Ertrag haben können, dies bestreitet kaum jemand. Wenn dieser Anteil allerdings zu groß oder die Spreizung der Gehälter zu weit wird, entsteht ein Ungerechtigkeitsgefühl, das an der Motivation nagt. Es geht hierbei nicht um das pure Geld. Es geht um Gerechtigkeit und

Fairness. Menschen wollen das Gefühl haben, dass die Gemeinschaft, der sie sich durch ihre Organisationszugehörigkeit angeschlossen haben, nach fairen Kriterien funktioniert. Untersuchungen aus der Verhaltensökonomie bestätigen dies. Gerechtigkeit ist Menschen in der Regel wichtiger als ein Geldgewinn. Das Lamentieren von Führungskräften über unengagierte Mitarbeiter sollte einmal nach dessen Ursache fragen.

Fairness ist ein zentraler Wert im menschlichen Miteinander. Nur wenn das gilt, wird auch Motivation und Engagement möglich. Agile Methoden ohne wirkliche Beteiligung führen nicht zum Erfolg. Dennoch werden die agilen Methoden eingeführt. Dies bringt allerdings die interessante Situation, dass dies auch die Notwendigkeit weiterer Strukturänderungen wie der Aufhebung einfacher Hierarchieprinzipien nach sich zieht.

Solange gerade die Personalbereiche in Organisationen als verlängerter Arm der Geschäftsleitung die Mitarbeiter in einem bestimmten Denk- und Verhaltensrahmen zu halten haben, gibt es keinen Fortschritt. Gerade Personalbereiche sollten hier die Evidenz der Motivationsforschung nutzen, sich so auch mit autonomer Expertise in Organisationen zeigen, als nur Hilfspersonal von Unternehmensführungen zu sein.

## 5. Systemdynamiken und organisationale Resilienz

Das Modell der Systemdynamiken ist ein praktisches Erfassungsinstrument für größere Organisationsbereiche. Es beruht auf der systemischen Grundidee, dass es in größeren Systemen bestimmte Dynamiken und Muster gibt, die relativ unabhängig von einzelnen Personen sind. Außerdem tritt ein weiteres Element des Systemischen hervor, dass ein System innere Struktur und Kultur entwickelt, um sich selbst zu erhalten. Aus der Kritik am traditionellen Resilienzkonzept (Gebauer, 2015, 2016; Bröckling, 2017) erfolgt die Notwendigkeit den Ansatz der Resilienz, so gut er für den Einzelnen ist, nicht darauf zu beschränken, sondern auch Humansysteme (Organisationen, Unternehmen, Kommunen, Regionen, Gesellschaften, ...) resilient zu gestalten. Wenn Systeme Resilienz zeigen können, dann sollte auch die Resilienz von Organisationen betrachtet und gestärkt werden. Es gilt die Vulnerabilität der Systeme zu erfassen und auf der Systemebene etwas zum Schutz und zur Prävention zu entwickeln. Corona hat dies deutlich gezeigt. Der Staat und die öffentliche Verwaltung waren nicht vorbereitet. Zunächst gab es keine Masken, es wurde sogar deren Nutzen von offizieller Seite verneint. Dann gab es zu wenige Tests. Zu guter Letzt gab es nicht genügend Impfstoff. Die Systemdynamiken (Problemlösung, Kommunikation) in der öffentlichen Verwaltung waren für einen Krisenfall nicht vorbereitet.

Aber schon seit 2008/2009, als krisenhafte Umstände über die Finanzwelt in die Wirtschaft und schließlich in Staaten einzogen (Mohr, 2009), ist gerade organisationale Resilienz ein unge-heuer wichtiges Thema geworden. Die organisationale Resilienz-forschung stellt sich im Prinzip die Frage, welche Faktoren für einen effektiven Umgang von Organisationen mit kritischen Er-eignissen inner- und außerhalb des Unternehmens verantwort-lich sind.

Die zentrale Frage organisationaler Resilienz ist: Was müssen Organisationen tun, um ihren Erhalt in schwierigen Zeiten und Krisen zu gewährleisten? Dabei umfasst die Organisation immer das Sachliche, das Ziel und genauso die Gemeinschaft der Menschen, aus denen sie besteht und die in vielen Fällen von ihr materiell abhängig sind. Durch die Krise im Jahr 2008 war plötz-lich die Orientierung der Unternehmen von der Maximierung des Gewinns und des Shareholder-Values völlig auf das Überleben von Organisationen verlagert. Bei organisationaler Resilienz geht es um die Robustheit von unternehmerischen Projekten gegen-über den Widrigkeiten wirtschaftlicher und gesellschaftlicher Na-tur. Konjunkturkrisen und auch Strukturkrisen sind in der Wirt-schaft normal. Mittlerweile – und das ist anders als vielleicht vor 40 Jahren, als die großen Utopien etwa des Sozialismus/Kom-munismus noch trugen – ist man zu folgendem Ergebnis ge-kommen: Bisher hat keine Wirtschaftsform Krisen verhindern können. Also gilt es, sich auf die Situationen einzustellen.

Zurück zum Grundsätzlichen des Systemischen: Man kann ein System zu nichts zwingen, man kann es zwar vernichten, aber zu nichts zwingen. Mit dieser Feststellung von Humberto

Maturana und Francisco Varela wird die Selbstbezogenheit von Systemen deutlich. Systemisch intervenieren bedeutet dann, aus der aktuellen Situation heraus unter Kenntnis des Systems und seiner bisherigen Entwicklung Veränderungen einzuleiten. Systemisch bedeutet in diesem Sinne auch, pragmatisch vorzugehen. Dies ist durchaus nicht neu. Der deutsche Soziologe Max Weber hat in diesem Zusammenhang die Tendenz zur Rationalität, aber auch zur Bürokratisierung beschrieben. Unter seinen Kollegen, den „Großen Vier" Marx, Nietzsche, Freud, Weber, ist er vielleicht der Systemischste, weil er keine Heilslehre entwickelt hat, keine neue Gesellschaft wollte, keinen neuen Menschen entwickelte, keine Befreiung vom Trieb erstrebte, sondern äußerst pragmatische Hypothesen für die Entwicklung aufstellte.

**Resilienz in den Systemdynamiken**

Diese Verwundbarkeit oder organisational ausgedrückt Risikoposition kann man anhand der Systemdynamiken erfassen. Systemdynamiken, die dynamischen Muster innerhalb von Organisationen, erfassen jeweils sowohl sogenannte strukturelle als auch kulturelle Aspekte der Organisation. Sie betrachten den emergenten Anteil, der die eigendynamische Entwicklung aus sich selbst heraus darstellt, wie den gestalt- und beeinflussbaren Teil. Letzterer ist der Systemdesignaspekt (Laugerie, 2006). Um systemische Resilienz herzustellen, geht es um das Registrieren der emergenten Entwicklung und darauf aufbauend um das Gestalten, die Designkomponente. Ein System ist also in sehr verschiedenen Dimensionen ein dynamisches, also lernendes System, durch Emergenz und durch Design.

Welche Systemdynamiken sollte man betrachten? Ein praktikabler Weg, der die Komplexität einer Organisation auf eine gute Weise erfasst, ohne sie überkomplex zu machen oder auch zu simplifizieren, wird im Folgenden dargestellt. Dabei wird das Organisationssystem mittels zehn dynamischer Dimensionen beschrieben, die sowohl die strukturelle wie die organisationskulturelle Perspektive beinhalten (Mohr, 2006, 2010).

## Systemstruktur – Aufmerksamkeit, Rollen und Beziehungen
### • Die Dynamik der Aufmerksamkeit

Wohin ein System seine *Aufmerksamkeit* lenkt, stellt der Resilienz eine neue wesentliche Richtung vor. Zwar gehört das Überleben ohnehin zur DNA eines lebenden Systems, aber konkret muss die Frage gestellt werden:
- Ist die Aufmerksamkeit auf das Wesentliche einer Organisation gerichtet?
- Oder laufen die offizielle Zielsetzung und das, womit sich die Menschen in einer Organisation tatsächlich befassen, weitgehend oder völlig auseinander?

Das Wesentliche einer Organisation sind einerseits ihre Ziele im engeren Sinne. „Die Mütter und Väter einer Organisation sind ihre Ziele", so hat es der Heidelberger Coach Gunther Schmidt einmal in einem Vortrag formuliert.

- **Die Dynamik der Rollen**

Organisationen sind weiter durch eine zweite Systemdynamik, nämlich die Form der Bildung institutionalisierter *Rollen,* definiert. Dieser Institutionenpunkt betrifft die Entwicklung, die Dynamik der Rollen, die man wiederum als Humankapital und Ergebnis des organisationalen Lernens sehen kann. Rollen, die den Erfordernissen des Marktes entsprechen, Rollenklarheit und Rollenkompetenz sind Faktoren für resiliente und gesunde Organisationen. Sind die Rollen unklar abgegrenzt oder nicht einigermaßen kompetent besetzt, bedeutet dies Vulnerabilität, in Firmen auch das „operative Risiko" genannt. Das Management kann Resilienz zerstören oder bauen, abhängig davon wie das sozial-ökologische System sich selbst als Antwort auf Managementaktionen selbst organisiert.

- **Die Dynamik der Beziehungen**

Zum Kernpunkt der Vorstellungen von Resilienz gehört im guten systemischen Sinne die Dynamik der *Beziehungen* innerhalb des Systems. Nach soziologischen Konzepten macht die Qualität der Rollenbeziehungen die Organisation aus. Der deutsche Organisationssoziologe Niklas Luhmann spricht hier davon, dass Kommunikation die Organisation ausmacht. Genau betrachtet meint er damit Kommunikation im Kleinen, aber nicht in den Privatbeziehungen, sondern den Rollenbeziehungen. Die Beziehungen sind zentrale Bausteine eines Systems, nicht die Einzelpersonen.

Vom Organisationsstandpunkt aus sind also die Rollenbeziehungen interessant. Aber in der modernen Rollendefinition ein kohärentes Muster aus Denken, Fühlen, Verhalten, zugehörigen Beziehungen und Wirklichkeitskonstruktionen (Schmid, 2003) ist das Persönliche mit enthalten:

- Wie – etwa wie wertschätzend – sind die Botschaften der einzelnen Rollenträger zueinander?
- Werden alle Systemmitglieder gewürdigt?

Welche Persönlichkeitstypen in den Rollenbeziehungen agieren, ist nur unter dem Blickpunkt ihrer Rollenkompetenz bedeutsam. Es geht um die Art ihrer Beziehungsgestaltung. Überträgt man den Aspekt von Beziehungen auf Humansysteme, so ist der Unterschied zwischen der privat-persönlichen Beziehungsebene und der Rollenebene zu beachten (Mohr, 2008). Symmetrische Gestaltung in der Rollenbeziehung („ich darf zu dir sagen, was du auch zu mir sagen darfst") ist ein wichtiges Stichwort. Menschen spüren in erster Line den persönlichen Aspekt der Beziehung. Aber auch wenn die Beziehungen sich von Vertrautheit hin zu neuen Konstellationen oder gar Unsicherheiten verändern, leiden Menschen. Insofern sind die ständigen internen Prozessveränderungen in Organisationen, inklusive Wechsel der Ansprechpartner von den strukturorientierten Prozessoptimierern oft gut gedacht, gehen aber am Menschen vorbei. Ein Blick in den Sport zeigt, wie lange eine neu zusammengestellte, manchmal „zusammengewürfelte" Fussballmannschaft braucht, bis sie die „Laufwege" zueinander abgestimmt hat.

**Systemprozesse: Kommunikation, Problemlösung, Erfolg**

- **Die Dynamik der Kommunikation**

Drei Systemprozesse gibt es in jeder Organisation: Kommunikationsprozesse, Problemlöseprozesse und Erfolgsprozesse. Die Art der Kommunikation zeigt sich in typischen Kommunikationsmustern, wegen ihrer Veränderlichkeit auch Kommunikationsdynamiken genannt. Sie stellen auch die Mikroebene der Beziehungsgestaltung dar, sind daher von den Beziehungsdynamiken nicht unabhängig. Wie wird die Kommunikation technisch und persönlich gestaltet? Vom Persönlichen her sind im Feld der Kommunikation weitestgehend dialogische Formen sinnvoll (Höher, 2020), weil sie unnötige Kommunikationsmuster wie etwa Machtspiele oder Hierarchierituale erst einmal unwahrscheinlicher machen. Die von David Bohm aus seinen Unterhaltungen mit dem indischen Weisheitslehrer Jiddu Krishnamurti entwickelten Maximen des Dialogs bieten eine wichtige Grundlage. Gute Kommunikation beruht außerdem auf Empathiefähigkeit. Dieses Hinhörenkönnen in sich selbst (Selbstempathie) und auch das Hineinversetzen in andere ist eminent wichtig für gute Kommunikation. Voraussetzung ist hier allerdings, dass Menschen, auch die Mitglieder einer Organisation, einiges über sich selbst gelernt haben. Sonst können sie Projektion nicht von Authentischem unterscheiden. Durch Corona sind hier auch neue Kommunikationsformen hinzugekommen. Die „Zoomisierung" der Kommunikation hat Einiges verändert.

- ## Die Dynamik der Problemlösung

Die Resilienz eines Systems ist, wenn man den häufig benannten Aspekt des organisationalen Lernens betrachtet, außerdem sehr stark mit seiner *Problemlösefähigkeit* im Sinne von Selbstorganisation, Change und Anpassung verbunden. Das heißt, dass Problemlöseprozeduren in der Organisation praktiziert werden, die tatsächlich Probleme angehen und Lösungen produzieren. Ausschlaggebend für eine erfolgreiche und damit resiliente Weiterentwicklung nach einer Krise ist zudem das damit in Verbindung stehende Innovationsvermögen eines Systems (Folke et al., 2002). Neben Größenkategorien kann auch der Zeitaspekt in die Beurteilung von Resilienz einfließen. Eine hohe Widerstandsfähigkeit kann mit einer raschen Rückkehr des Systems in einen stabilen Zustand führen. Aber auch längere Wege sind durchaus üblich.

- ## Die Dynamik des Erfolges

Last but not least ist der *Erfolg*, die Erfolgsdynamik in einer Organisation wichtig. Was wird als Erfolg definiert? Ist überhaupt ein Erfolg möglich? Wie wird mit Erfolg aber auch mit Misserfolg umgegangen? Der Erfolg, das positive Elixier, das die Energie für das Angehen neuer Herausforderungen schafft, wird häufig sträflich behandelt. Es gibt sogar die Einstellung, dass Erfolgserleben Menschen zur Trägheit oder zu Übermut führe. Dafür gibt es in der sozialpsychologischen Forschung allerdings keinen ernsthaften Hinweis. Dennoch ist es ein häufiger Glaube in Organisationskulturen. Hier ist vielmehr an das Resilienzquadrat mit seiner Betonung von praktischer Unterstützung, Sinnstiftung und dem Erfahren von Selbstwirksamkeit zu erinnern.


## Systembalancen – Gleichgewicht und Rekursivität
### • Die Dynamik des Gleichgewichts

Die Stabilität bezog man in der Resilienzbetrachtung zunächst noch stark auf die Konservierung des ursprünglichen Zustandes. Und dies trotz kritischer Umstände, wozu man mittlerweile anders denkt. Zwar gilt: Die Beziehungen sollen in einer bestimmten Stabilität, man könnte auch sagen einem *Gleichgewicht*, erhalten bleiben. Aber auch neue Gleichgewichtszustände können ein Resultat einer resilienten Reaktion des Systems darstellen. Organisationale Resilienz wird häufig als Resultat einer organisationalen Fähigkeit verstanden, Gefahren rechtzeitig und effektiv zu begegnen und dadurch das Gleichgewicht nach einem Einschnitt rasch wieder herzustellen.


### • Dynamik der Rekursivität

Hier ist die Durchgängigkeit und Stetigkeit bestimmter Prinzipien in einer Organisation gemeint. Organisationen performen dann gut, wenn in verschiedenen Unterabteilungen die gleichen Prinzipien gelten und nicht mit sehr unterschiedlichem Maß gemessen wird. Dies betrifft Personalzuweisung, leistungsadäquate Entlohnung, aber auch Fehlerkultur und Beziehungsstil.

**Systempulsation – Äußere und innere Pulsation**

**• Die Dynamik der äußeren Pulsation**

Ganz entscheidend für das, was eine Organisation an Resilienz für die Mitarbeiter ausstrahlt, ist ihr Verhalten an den Grenzlinien des Systems. Dabei gibt es eine äußere Systemgrenze. Wie werden von außen Ideen aufgenommen oder eigene neue generiert? Wie ist das Verhalten an der Außengrenze des Systems? Die *Systempulsation*, die Form des „Atmens" an der Außengrenze und den inneren Grenzlinien des Systems erweist sich hier als ausschlaggebend. Ist die Außengrenze eines Systems nicht so, dass die Menschen sich zugehörig fühlen und eine einigermaßen sichere Basis in der Organisation haben, sondern dauernd mit Ausschluss der Zugehörigkeit bedroht fühlen, ist Resilienz nur schwer zu erreichen. Ebenso sieht es bei den inneren Grenzlinien zwischen den Subsystemen (Bereiche, Abteilungen, Ethnien, ...) einer Organisation aus. Existieren für die in Organisationen immanenten Interessengegensätze oder auch die in Krisen sehr menschliche Neigung andere Subsysteme des Unternehmens als Gegner oder sogar Feinde anzusehen, nicht konstruktive, Gemeinschaft schaffende Institutionen, ist eine Organisation gefährdet. Die äußere Grenze eines Systems hängt sehr stark davon ab, wie leicht Ressourcen hinein- und hinausgehen können. Ist die Organisation attraktiv für gutes Personal? Hat man den Markt im Auge und weiß, was der Kunde will?

- **Die Dynamik der inneren Pulsation**

Neben der äußeren Pulsation geht es bei der inneren Pulsation mehr darum, wie die inneren Subgruppen des Systems aufgestellt sind, etwa auch die Stakeholder eines Unternehmens. Können sie zur Resilienz beitragen oder sind sie selbst gefährdet? Dies kann zum Beispiel das Vorhandensein und die Qualität von Mitarbeiterkompetenz sein. Dies ist in Zeiten von Fachkräftemangel ein großes Problem. Der Zustand dieser Subsysteme, die die *innere Pulsation* eines Systems ausmachen, ist also von fundamentaler Bedeutung für die Widerstandsfähigkeit des Gesamtsystems.

Resilienz in einer Organisation wird dadurch gefördert, dass bestimmte Maxime in den einzelnen Dynamiken der Organisation erfüllt werden. Sie sind hier, weil vom Systemischen her ein einfaches Urteil darüber, was für eine Organisation sinnvoll ist, sehr problematisch wäre, denn jedes System schafft sich seine eigene Wirklichkeit in Handeln und Denken. Ein Organisationsystem lässt sich durch die Einbettung in andere Systeme auch unter verschiedene Kriterien stellen, die etwa mit seiner Wertschöpfung für die Gesellschaft oder auch seinem Beitrag für die in ihm arbeitenden Menschen verbunden ist. Dies alles ins Kalkül nehmend sind die Kriterien als „Wünschenswertes", gleichermaßen aber auch recht allgemein formuliert. In der praktischen Entwicklungsarbeit einer Organisation sind sie absolut zu konkretisieren. Zusammenfassend lassen sich die Resilienzfaktoren, die im Resilienzquadrat (Mohr, 2017) benannt werden, mit der organisationalen Ebene verknüpfen. Der erprobte Fragebogen SCISOA der systemischen Organisationsanalyse lässt sich dazu gut einsetzen (Mohr, 2010).

## 6. Neuere Formen von Zusammenarbeiten und Zusammenlernen: Working Out Loud

Im Zusammenhang mit den agilen Methoden haben sich neue Formen ergeben wie etwa Working Out Loud (WOL) (Stepper, 2016). Dabei handelt es sich um eine agile Lernform, wie Menschen innerhalb oder außerhalb von Organisationen in frei organisierten Gruppen in Beziehung gehen, um sich gegenseitig im Erreichen von Zielen zu unterstützen. Es finden sich Menschen in einer Gruppe von vier bis acht Leuten zusammen, die sich zwölf Wochen lang jede Woche für eine Stunde in Präsenz oder online treffen und jeweils nach bestimmten Aufgaben (https:// workingoutloud.com/resources) ein persönliches Lernziel bearbeiten und sich gegenseitig Rückmeldung geben. Im Folgenden soll dieser Ansatz einmal beleuchtet werden: Nach dem Diamanten der Professionalität (Mohr, 2008) lässt sich jeder neue Ansatz in Beratung und Coaching nach einigen grundlegenden Dimensionen betrachten: Menschenbild, Persönlichkeit, Beziehung, Entwicklung, Wirklichkeitsbezug und Professionsmethoden.

**Menschenbild**

Das Menschenbild im WOL ist wertschätzend und gruppenbezogen. Der Einzelne ist auf andere angewiesen, soll sich in Kontakt begeben. Dankbarkeit wird gepflegt. Auch das sich Öffnen Anderen gegenüber wird als erfolgversprechend angenommen.

**Persönlichkeit und Unterschiedlichkeit**

Menschen werden nicht in ihrer Unterschiedlichkeit adressiert, etwa dass Extravertierte und Introvertierte oder Denker und Fühler grundlegend unterschiedlich sind und sehr unterschiedliche Muster brauchen. Man geht davon aus, dass die Vorgehensweisen im WOL für alle wirksam sind. Gleichzeitig ist der Einzelne aber in seiner Eigenheit gefragt, was ihn besonders kennzeichnet. Dies wird aber dann nicht weiter in unterschiedliche Vorgehensweisen umgesetzt, bleibt eher so stehen.

Transaktionsanalytisch betrachtet werden keine Ausdifferenzierungen bezüglich verschiedener Herkunfts-Ich-Zustände (von Eltern stammende Muster, eigene, früher entwickelte oder für das Hier-und-Jetzt angemessene Muster) vollzogen. Das Lebensnarrativ (das Skript) wird ansatzweise ins Bewusstsein gerufen, in Form der eigenen positiven Ressourcen und vermutlich mit der Hoffnung, dass das Bewusstsein davon selbstwertsteigernd wirkt. Das Skript wird aber nicht weiter behandelt. Die Methode wird – das gilt im Übrigen für viele der agilen Ansätze – in den Vordergrund gestellt, vor die Person.

## Beziehung und Kommunikation

Beziehung ist etwas Zentrales im WOL. Es findet in der Gruppe statt. Auch im Vorgehen gilt:

• Der Einzelne wird aufgefordert, aktiv Kontakt mit anderen aufzunehmen und es wird versucht, andere zur Unterstützung der eigenen Ziele zu gewinnen. Bei der Kontaktaufnahme achtet der Teilnehmende darauf, etwas für den anderen zu tun.

• Im Hintergrund steht allerdings ein Eigeninteresse, dass man zumindest erhofft, dass die/der andere dann für einen selbst nützlich wird.

Welche Form von Transaktion ist das? Transaktionen finden zwischen funktionalen Ich-Zuständen (Erwachsenen-Ich, kritisches oder fürsorgliches Eltern-Ich, angepasstes, rebellisches oder freies Kind-Ich) statt. Dabei gibt es parallele, gekreuzte, doppelbödige oder anguläre (Dreiecks-)Transaktionen.

Eine ganz einfache parallele Transaktion scheint es nicht zu sein, weil doch verschiedene Ebenen beteiligt sind. Auf der offenen Ebene würde man sagen, liegt eine Erwachsenen-Ich-Erwachsenen-Ich-Transaktion vor. Aber wenn etwas sehr lobend von einer untergeordneten Haltung aus geäußert wird, könnte auch ein Teil angepasstes Kind-Ich dabei sehen. Denn die einzelnen funktionalen Ich-Zustände sind ja nie 100-prozentig unterwegs.

Allerdings gibt es ja noch eine unterschwellige Ebene. Die ist zumindest für den Initiator nicht verdeckt. Er hat sie durchaus bewusst im Blick, so wie ein Schachspieler weitere Züge im Kopf hat. Insofern fällt ein Definitionsmerkmal der Spieledefinition, die Verdecktheit der Botschaft auch für den Initiator, weg. Es wird also kein Spiel inszeniert.

Aber da ist einer, der den anderen dazu bewegen will, etwas zu tun. Es hat etwas von Adressierung des Kind-Ichs des anderen, um diesen zu einer Paralleltransaktion auf dieser Ebene zu bewegen, was wiederum bedeutet, dass wahrscheinlich eigenes Kind-Ich (Einladung zum Spielen, etwas Schönes gemeinsam zu tun) darin liegt. Es ist die Hoffnung auf eine Paralleltransaktion auf Kind-Ich-Ebene, so ähnlich wie beim Flirten.

**Entwicklung und Veränderung**

Hier wird Zielorientierung groß geschrieben. Alles beginnt mit einem Ziel. Die Methode scheint hier um so besser zu sein, je konkreter das Ziel ist. Geht es um das konkrete „In-die-Welt-Setzen" eines Projektes, passen die Schritte gut. Geht es offen oder vielleicht verdeckt um eine Entwicklung auf der Person-Ebene, dann wirken die Vorgehensweisen etwas konkretistisch. Beispielsweise ist das Ansprechen fremder Menschen als Unterstützung dann eher subjektiv schwierig, weil es Scham auslösen kann. Man darf aber nicht vergessen, dass die persönliche Ebene in der Regel bei jedem echten Entwicklungsprojekt mit an Bord ist. Auch im WOL findet implizit so etwas statt, was beispielsweise in der Theorie U von Otto Scharmer im Presencing klar benannt ist (Scharmer, 2009), ein Durchlaufen durch das eigene Ich und seine Potenzialität für die nähere Zukunft. Dies ist aber leider im WOL nicht so klar benannt wie bei Scharmer.

## Wirklichkeit und Systembezug

Der Ansatz enthält deutlich konstruktivistische Elemente, in dem eine neue Wirklichkeit mit dem neuen Projekt konstruiert werden soll. Systembezüge entstehen auf diesem Hintergrund am Thema orientiert. Man sucht Bündnispartner und Förderer für das aktuelle Thema/Produkt.

## Professionsmethoden

Die Methoden und Vorgehensweisen im WOL wirken aus unterschiedlichen Schulen zusammengetragen. Die WOL-Sitzungen beginnen etwas wie Daily Scrums in der Scrumorganisation. Dies ist aber wiederum ein auch dort übernommenes grundlegendes Muster dialogischer Gruppenverfahren, die immer eine Check-in-Runde haben. Anlehnungen an den Stundenvertrag in der Transaktionsanalyse sind hier auch enthalten.

Das entwicklungsoptimistische Menschenbild, das letztlich auf der humanistischen Psychologie fußt, ist enthalten. Allerdings ist das ressourcenorientierte Menschenbild auch etwas in einer vom NLP gefärbten indirekten Zugangsweise zu anderen. Man tut etwas, ohne dem anderen von Anfang an die Karten auf den Tisch zu legen. Vorgehensweisen kognitiver Bewusstseinsbildung, etwa das Bewusstmachen des eigenen sozialen Netzes oder eigener Ressourcen, sind deutlich vorhanden. Systemische Ideen wie das sich selbst aus der Zukunft einen Brief schreiben sind enthalten.

Auch andere verhaltenstherapeutisch anmutende Aspekte wie das Vollziehen konkreter Schritte und die Verstärkung dessen in der Gruppe scheinen implizit angelegt. Zu fragen wäre hier allerdings, ob dies auch wirksam wird, wenn Menschen mit weniger Erfahrung in positiv zugewandter Gruppenarbeit oder auch mit Persönlichkeitsmustern auf früheren Stufen (Binder, 2010) zusammenkommen.

**Ausblick**

Insgesamt ist WOL als eines der neuen Angebote in der agilen Welt interessant. Es scheint zum Heranführen von Menschen, die in bestimmten Berufsfeldern eher isoliert voneinander arbeiten, aber auch für Fragestellungen konkreter Schritte in eigenen Projekten ein wirksamer und in die Wahl einzubeziehende Ansatz zu sein.

# 7. Agile Bücher besprochen

## Buchbesprechung zu Andresen, Judith: Agiles Coaching, München: Hanser, 2018

Heute ist alles agil. Wenn jemand heute Beratung, Organisationsentwicklung, Coaching in der Wirtschaft verkaufen will, muss er es agil nennen. Deshalb lohnt ein genauer Blick auch auf Literatur, die das Etikett „agil" verwendet. Judith Andresen hat „Agiles Coaching" vorgelegt. Was hat es damit auf sich? Ist es anders als anderes Coaching? Mit fast 400 Seiten ist es ein sehr umfassendes Buch. In sechzehn Kapiteln führt die Autorin den Leser vom „Digitalen Transformieren" über die Haltung des agilen Coaches, Interventionen, Nutzung von Modellen bis hin zu „typischen Stolperfallen" des Coachings.

Der Einstieg führt in ihr Verständnis von Agilität ein, wobei die digitale Transformation, die „agile Transition", wie sie den Übergang nennt, und der agile Coach aufs engste zusammenhängen. „Agile Coaches unterstützen Teams, Organisationen und Individuen in ihrer Veränderung im Sinne des agilen Manifests. Sie nutzen dafür Coaching, Training und Sekundärberatung." (S. 16)

Andresen bezieht sich auf das „agile Manifest", ein im Jahre 2001 von 17 Softwareentwicklern formuliertes Manifest, das die stärkere Betonung eines lernenden und experimentierenden Vorgehens fordert. Die folgenden Einführungen von agilen Projektmethoden, Scrum, Retrospektiven und Ähnlichem sind heute in der Softwarebranche hinlänglich bekannt, man könnte sogar schon von etabliert sprechen.

Dann stellt die Autorin ihren Coachingansatz vor. Interessant ist eine kleine Trias der Haltung, die sie dem agilen Coach empfiehlt: Empathisch, dissoziiert zum System und distanziert zur Sache. Sie verwendet dabei einen transferierten Dissoziationsbegriff, wie er manchmal in der hypnosystemischen Konzeption verwendet wird. Sie bezieht ihn auf das System, mit dem man als Coach arbeitet und es scheint um eine Art inneres Fernhalten vom System zu gehen. Ähnliches empfiehlt sie auch für den Sachzusammenhang. Hier gelte es ebenso Distanziertheit zu wahren, um nicht zum Fachberater zu werden. Die Grundideen darin sind im Coaching nicht neu. Aber sie hat besonders auch die Scrum-Master unter ihren Kunden im Sinn, in deren Rolle der agile Coach in seiner Arbeit mit Softwarefirmen leicht gerade geraten kann. Die Verführung liegt in der „gefühlten Wirksamkeit" (S. 363), wenn man die Dissoziiertheit nicht wahrt.

Danach enthält das Buch sehr viel Vertrautes zum Thema Coaching, was sich auch in anderen vor allem systemisch orientierten Coachingansätzen beschrieben findet, mit Konzepten wie von Bernd Schmid, etwa das der Wirklichkeitsbegegnung (S. 21). Sie erschließt dann die Vorgehensweisen des Coaches und orientiert sich dabei an der Landkarte des „Situativen Führens" von Blanchard und Hersey. Diese hatten vier Reifegrade von Mitarbeitern unterschieden und daraus unterschiedliche Handlungsweisen der Führungskraft abgeleitet. An dieser Stelle wird auch deutlich, was sie mit Sekundärberatung meint:

„Sekundärberatung weist mögliche Lösungsoptionen für die Coaches auf. Das Einpassen in das System und die Ausarbeitung der konkreten Lösung liegen bei den Coachees" (S. 81).

So werden Teams etwa auch in agilen Reifegraden (AR) unterschieden, in AR-D bis AR-A, von anfänglicher Teamorientierung bis hin zur ganzen Organisation, die nach agilen Prinzipien arbeitet. Dies legt die Autorin sehr detailliert auseinander. Manche Formulierung muss man erst zweimal lesen, etwa: „Mit dem zweiten agilen Reifegrad AR-C beginnt die Öffnung der häufig noch monodisziplinären Teams zu einem crossfunktionalen Arbeiten" (S. 98). Aber sie liefert gute Anhaltspunkte für Entwicklungsstufen.

Ein wichtiges Element, das sie dem agilen Coach vorschlägt, ist auch das des so genannten PDCA-Zyklus (Plan-Do-Check-Act). Nach dem Planen eines kleinen Schrittes, folgt ein Ausprobieren (Just do it!), ein Messen und Prüfen und schließlich Standardisieren, Wegwerfen oder Ausrollen (S. 107). Die darauf aufbauende Coachingsitzung sieht allerdings nicht anders aus als in anderen Coachings auch.

Ab Kapitel neun beginnt quasi ein zweites Buch. Sie beschreibt Auftragsklärung, Ergebnisse mit Visualisierung sichern und modellbasiertes Intervenieren. Zur Gesprächsanalyse empfiehlt sie Transaktionsanalyse. Dazu stellt sie kurz eine eigene

Version des Ich-Zustands-Modells mit Eltern-, Erwachsenen- und Kind-Ich dar. Formulierung wie „Das Kind-Ich ist emotional, IST-bezogen und bezieht sich stark auf den Moment" (S. 225) sind schon eine etwas eigene Interpretation des Modells. Ähnlich stellt sie das Modell des Dramadreiecks dar, ohne den Autor Steve Karpman zu nennen. Auch die psychoanalytischen Konzepte der Übertragung, Gegenübertragung und Projektion werden durchaus schlüssig, aber auch ohne Literaturbezug vorgestellt. Dagegen werden die Teamphasen auf Bruce Tuckman zurückgeführt und auch das Gruppenmodell der verschiedenen Rollen von Teilnehmern in Gruppen nach Schindler vorgestellt. In diesem Zuge werden weitere bekannte Modelle kompakt beschrieben. Zum Abschluss des Buches kommen noch einmal „Bewährte Impulse" und „Stolperfallen" mit Vertiefungen von Aspekten, die vorher auch schon mal da waren.

Insgesamt scheint sich agiles Coaching von gutem systemischem Coaching nur durch die Vertrautheit mit den Begriffen, die in der Softwarebranche zu Agilität entwickelt wurden, zu unterscheiden. Der erfahrene systemische Coach findet sich auch im agilen Coaching wieder. Das Buch enthält ungeheuer viele Aspekte, die interessante Einblicke geben. Die organisationssoziologische Seite der De-Hierarchisierung, die im agilen Ansatz steckt, etwa in Robertsons Holacracy und seine Konsequenz für Coaching wären interessant gewesen. Aber vielleicht im nächsten Buch. Leider ist das Buch ohnehin etwas lang geworden dadurch, dass viel Vertrautes enthält, sowie ein Basis-Coachingcurriculum. Es fehlen Literaturhinweise. Und auch die Struktur hätte man vielleicht etwas überprüfen können. In der Darstellung des Buches fallen aber die vielen Beispiele sehr positiv auf. Sie zeigen das Konkretisierungsvermögen der Autorin. Sehr schön ist auch die Visalisierung der Modelle in dem Buch, wobei mir nicht deutlich wird, ob sie von der Autorin sind. Wenn ja, klasse!

**Buchbesprechung zu Kotrba, Veronika & Miarka, Ralph: Agile Teams lösungsorientiert coachen (3. überarbeitete und erweiterte Auflage), Heidelberg: dpunkt.verlag, 2019**

Im Rahmen der im Moment durchaus zahlreichen Bücher zur Agilität gibt es zwei Gruppen. Zum einen werden sie von Autoren verfasst, die aus dem IT-Bereich stammen und methodische Aspekte der Zusammenarbeit importieren. Die zweite Gruppe bietet Konzepte, die von einem psychologischen oder professionellen Ansatz ausgehen und diese auf die neuen Projektmanagementwelten wie etwa Scrum anwenden. Das hier vorliegende Buch gehört zur zweiten Gruppe. Es wendet die von Steve de Shazer und Insoo Kim Berg am Milwaukee-Institut begründete Methode der lösungsorientierten Kurzzeitberatung auf Situationen des agilen Arbeitens an. In neun Kapiteln beleuchten die Autoren das Vorgehen der Methode und danach ihre Anwendung in Teams. Sie benennen sechs grundlegende Coaching-Haltungen. Es beginnt mit der Haltung des Nicht-Wissens. Jeder sei Experte für sich selbst. Außerdem werden erwähnt: Geduld und Zuversicht, Ressourcenfokus, Allparteilichkeit und Vertraulichkeit. Danach folgen „bedeutsame Prinzipien" wie „Fokus auf bessere Zukunft", „Wenn etwas funktioniert, mach mehr davon", „Wenn etwas nicht (mehr) funktioniert, mache etwas anderes" oder „Kleine Schritte können große Veränderungen bewirken". Die zentralen Vorgehensweisen der lösungsorientierten Kurzzeitberatung, wie etwa die Wunderfrage, werden beschrieben. Die Einführung geht dabei über de Shazers Ansatz hinaus und wird durch andere systemische Vorgehensweisen ergänzt. Manches, etwa das zirkuläre Fragen, kommt leider sehr knapp herüber. Kleinere Modelle zu Motivation und Persönlichkeit wie SCARF (Status, Certainty, Autonomy, Relatedness, Fairness) versuchen, Orientierung für Interventionen zu geben.

Für die praktische Umsetzung haben die Autoren schöne Übungen zusammengetragen. Die Beispiele thematisieren Arbeitssituationen, die in Teams auftreten, die auch agile Verfahren, etwa Scrum, umsetzen. Hier hätte ich mir noch mehr spezifische Exempel, beispielsweise zu typischen Rollenkonflikten zwischen Product Owner, Scrum Master und Team, gewünscht.

An einigen Stellen stockt man etwas, wenn durchaus verbreitete, aber doch eher nach Psychoszene klingende Positionen geäußert werden. „Keiner kann einen anderen wirklich verstehen." (S. 22) Die empfohlene Zurückhaltung des Coachs wird damit begründet, dass jeder sich selbst am besten kenne. Dies ist sicher ein verbreiteter Glaubenssatz. Man kann sagen, dass der Einzelne vielleicht eher Experte für sich selbst ist als andere. Genauer betrachtet wissen viele Menschen auch nicht wirklich etwas über sich, zumindest nicht bezüglich der Fragestellung, wegen der sie ins Coaching kommen. Gerade deshalb kommen sie ja ins Coaching. Denn Coaching beruht darauf, dass mithilfe anderer eine Veränderung erzielt wird, also durch die Begegnung auch das Einwirkenlassen eines anderen. Aus heutiger Sicht würde man eher sagen, dass Coaching ein kokreativer Prozess zwischen Coach und Klient ist, in dem neue Lösungen erarbeitet werden.

Fazit: Insgesamt hat man vieles in diesem Buch schon in anderen Büchern gelesen. Aber es ist gut geschrieben und durch die Übungen aufgelockert. Die Methode ist anwendungs- und lesefreundlich beschrieben. Mir war es selbst noch vergönnt, de Shazer persönlich kennenzulernen. Besonders imponiert hat mir seine Haltung bei Fragen, die er nicht beantworten konnte. Er sagte dann, er wisse es nicht, denn dies hätten sie am Institut noch nicht untersucht. Die Frage „What else?" („Was noch?") war ebenso dominierend. „Was stattdessen?" wie bei Veronika Kotrba und Ralph Miarka als „Zwischenfrage" zu bezeichnen, halte ich für etwas unterrepräsentativ. Leider werden von den Autoren auch Konzepte nicht immer mit ihren ursprünglichen Autoren verbunden. So ist die Wunderfrage von de Shazer eine Konkretisierung der Pseudo-Prolongation in die Zukunft von Milton Erickson. De Shazer hatte ähnlich wie die Autoren des NLP (Neuro-Linguistisches-Programmieren), Bandler und Grinder, ausführlich die Live-Bänder von Erickson analysiert und daraus Techniken abgeleitet. Man kann nicht an alles denken, sagte einmal ein DBVC-Kollege, aber spannend ist es schon, wie die Konzepte entstanden sind.

**Buchbesprechung zu Schröder, Axel: Der Agile Coach – Praxishandbuch, Der Menschen-größer-Macher, München: Hanser, 2020**

Das Buch von Axel Schröder und seinen Mitarbeiter stellt eine ganze Reihe kurzer Beiträge über praktisches Vorgehen in der Beratung von agilen Arbeitsformen vor. Man könnte das Buch „Der Agile Coach" fast als Werbebuch einstufen, da am Anfang die Autoren mit Bild und kurzer Beschreibung ihrer Philosophie dargestellt werden. Es sind immerhin 29 Autoren. Danach folgt allerdings ein interessanter Ansatz. Nach einem Einführungskapitel werden anhand der Schritte des agilen Arbeitens angelehnt an das Scrum-Modell wesentliche Erfahrungen vorgestellt. Die Autoren bezeichnen das Agile als die Hardware und das Coachen als die Software in ihrem Vorgehen. Zunächst gilt es in diesem Vorgehen, in einer Organisation das Thema „agil" einzuführen und populär zu machen. Sie beginnen dazu mit einem Initial-Workshop und vermeiden die Bezeichnung „Kick off". Dann entwickeln sie die Rollenfiguren des Scrum interessant weiter. Es beginnt mit der Titelrolle. Eine irreführende Bezeichnung für den Agile Coach ist aus meiner Sicht der Name „Scrum-Master" (Seite 5, Großschreibung wie im Original). Der Agile Coach sorgt für das Stattfinden des Daily Scrum im Team mit den drei Standardfragen: A: Was hatte ich mir vorgenommen? B: Was habe ich geschafft? C: Bei was brauche ich die Hilfe des Teams? Damit übernimmt der agile Coach die Aufgaben des Scrum-Masters. Allerdings zeigen die Autoren im Fortgang, dass der agile Coach sowohl eine Art externer Coach sein kann als auch Scrum-Master-Funktionen wahrnehmen. Der Product-Owner wird zu einem POT (Product-Owner-Team) weiterentwickelt. So ist das Rollenset des Scrum-Product-Owner (PO), Scrum-Master und -Team erweitert.

„Der Agile Coach ist verantwortlich für die Veränderung: für den Change von der heutigen Arbeitsweise – dem IST-Workstyle – in den agilen Rhythmus." (S.12). Die Autoren nennen die erste Zusammenkunft „das erste Konklave". Das „Konklave" ist die Zielklärungsphase des Product-Owner-Teams, das die Ziele der Entwicklung zum Beispiel bei einem Produkt festlegt. Im ersten Konklave wird als Sprint 0 in einer Woche die Erarbeitung der Etappenplanung und des Backlogs, der zu erarbeitenden Elemente für den Sprint 1 vollzogen. Sehr viel Wert wird gelegt und Zeit investiert zur Zielpräzisierung. Die Bestandteile des zu erstellenden Product Backlogs, der zu erreichenden Bestandteile eines Endproduktes und seiner Definitions of Done (DoD) gilt es sorgfältig zu bezeichnen. Nach den eigenen Begriffsformungen folgen eine ganze Reihe von Aufsätzen, die praktische Erfahrungen einzelner agiler Coaches aufzeigen. Im Beitrag von Michael Heinzelmann wird eine interessante psychologische Dynamik beschrieben. Dort bestand in einem Projekt offensichtlich die ganze Zeit eine Sehnsucht nach Anerkennung durch eine höhere

Führungskraft, die hier als Product-Owner fungierte, aber zunächst nie anwesend sein konnte. Darin zeigt sich ein interessanter Punkt im Übergang von klassischer Hierarchieorganisation zu mehr New Work orientierten Formen. Typische psychologische Muster hierarchischer Organisationen treffen auf New-Work-Formen. Es wird interessant werden, welche Auswirkungen dies mit der Zeit hat. Das Beispiel, in dem der hochrangige Chef als Product-Owner dient und seine unterstellten Direktoren das agile Team bilden, ergab eine Menge Probleme, da der Arbeitsaufwand weder seitens des PO noch seitens der Teammitglieder zu erbringen war. Hier stellt sich auch die Frage, wie hierarchische Führungsverhältnisse eins zu eins in die Scrum-Organisation umsetzbar sind. Der PO ist normalerweise nicht die hierarchische Führungskraft, sondern jemand, der in einem Projekt die Anforderungen der Schnittstelle zum Kunden vertritt.

Laura Sawitzki und Frank-Michael Hoyer beschreiben Anwendungen der agilen Arbeit bei der Firma Festo. Manche Organisationen arbeiten „hybrid", teilweise traditionell, teilweise mit agilen Elementen. Miriam Held überträgt das Teamentwicklungsmodell von Forming, Storming, Norming und Performing auf die Entwicklung von Product Owner Team und Entwicklerteam. Den Beitrag von David Suo bestimmt die Einführung agiler Prinzipien in ein Unternehmen, die sogenannte agile Transformation. Dabei sind die agilen Coaches zunächst externe Coaches, die die Prinzipien der agilen Arbeit ins Unternehmen bringen. „Der externe Coach unterstützt den Product Owner darin, dem Team ein klares Verständnis von den Zielgruppen zu vermitteln.... sowie einen ersten ‚Backlog' für das Team zu erstellen" (S. 51).

Im Fortgang äußern viele weitere Autoren ihre Erfahrungen zu den Sprints, den Daylies, Reviews und Retrospektiven. Das Sprint Review Meeting wird hier „Demonstration" genannt. Der agile Coach gibt auch in der Retrospektive nach den zweiwöchigen Sprinteinheiten seine Wahrnehmung des Prozesses, insbesondere der „Demo".Die Beiträge sind sehr praktisch und zeigen auch deutlich Klippen der agilen Prozeduren an. Manchmal klappt einfach etwas nicht. Oder die täglichen „Daylies" gehen den Leuten auf die Nerven. Was gilt es dann zu tun? Manchmal werden Übungen wie der Elevator-Pitch erwähnt, in dem jemand seinem Vorstand während einer Aufzugfahrt sein momentanes Projekt vorstellen muss. Dies ist im Grunde eine ganz lustige Idee, unterstellt aber implizit eine sehr hierarchische Organisationsvorstellung. Auch manche Lebensweisheit hat den Weg ins Buch gefunden: „Das echte Leben ist nun mal meistens keine eindeutig planbare Vorgänger-Nachfolger-Beziehung, sondern ein Staffellauf mit einer ‚Übergabezone', in der man sehr viel miteinander reden muss." (S. 79). Die Autoren haben einen unterschiedlichen Stil, man muss sich als Leser immer wieder etwas neu einstellen. Am Ende des Buches folgt noch mehr Methodisches und das gesamte Buch ist mit Zeichnungen schön illustriert. Insgesamt ist es eine Fundgrube für Leute, die mit den agilen Arbeitsstrukturen zu tun haben.

**Buchbesprechung zu Steffen, Andreas: Menschen und Organisationen im Wandel, Ein interdisziplinärer Werkzeugkasten für Veränderungsprozesse, Berlin: Springer Gabler, 2019**

Andreas Steffen legt mit „Menschen und Organisationen im Wandel" ein sehr umfangreiches Buch vor und trägt viele Aspekte zu aktuellen Methodiken zusammen. In 21 Kapiteln werden Themen beleuchtet wie Prozessmanagement, Design Thinking, Storytelling, User Experience, Employer Branding, Kanban, Balanced Scorecard und New Work. Man erfährt auch etwas über Life Hacks, UX, Value Proposition Canvas uvm. Es ist aber kein Toolbook, sondern vielmehr eine Analyse der Methoden. Der Autor ist ein Verbindungsdenker. Er beschreibt das Zustandekommen des Buches  mit „Systemischer Coach, Betriebswirt und Innovationsmanager treffen sich an einer Bar". Nach Intervention (Eingreifen) komme Invention (die Erfindung) und dann die Innovation. Als Beispiel für eine Innovation nennt er die Wiederherstellung von Ruhe und Gelassenheit bei einem Menschen.  Steffen verbindet Worte und Welten, sieht Parallelen, Ähnlichkeiten und Analogien. Und er schafft es gut, Themen zu verbinden, welche sauber recherchiert und mit Literatur sowie mit Filmszenen schön erklärt sind. Interviews mit Experten zu den einzelnen Themen runden jeweils die Kapitel ab. Diese lesen sich sehr kreativ und begleiten den Leser in seinem Reflektionsprozess. So befragt er die Expertin zum Design Thinking beispielsweise nach ihrer eigenen individuellen „Persona" und veranschaulicht so den Fachbegriff aus dem Design Thinking. Mit ausführlichen Betrachtungen zu Algorithmen, Künstlicher Intelligenz, Robotern und einer Art Ausblick auf die Zukunft endet das Buch.

Im Verlauf des Buches wechseln meinungsstarke Passagen mit nachdenklich machenden. Ob Coaching als zielgerichteter Prozess wie ein Geschäftsprozess zu verstehen sei, kann man bei manchen Coachings sicher so sehen. Managementlogik kann man aber auch als fundamental anders als Beratungslogik begreifen. Coaching im Sinne einer Begegnung zwischen Menschen, die weit über den Einsatz von Tools hinausgeht, steht bei Steffen weniger im Vordergrund, vielmehr ein funktionelles Verständnis des Coachs als Dienstleister mit Prozesskompetenz. Oder: „Die grundlegenden Fähigkeiten zur Veränderung sind schnell aufgelistet: Selbstbewusstsein und Selbstvertrauen, Reflektionskompetenz und Resilienz, ein Verständnis der eigenen Ressourcen sowie der Wille zur Veränderung als entscheidende Grundlage – und schließlich Selbstwirksamkeit als Resultat." (S. 5). So schreibt Steffen zum Teil mit spitzer Feder. Manchmal fordern die assoziativen Ketten auch heraus: Design Thinking, Zürcher Ressourcenmodell, Kanban, Johari-Fenster, somatische Marker, Scrum, inneres Team, Improvisationstheater, transaktionsanalytische Spieltheorie. Fazit: Der Autor stellt sein umfangreiches erarbeitetes und durchaus kraftvoll zu nennendes Wissen zur Verfügung. So ist insgesamt ein Buch mit vielen Anregungen und Substanz herausgekommen.

## 8. Resümee „Organisationsrevolution"

Ich lasse das Ganze bewusst in der Schwebe – bitte nicht ärgern – und lade Sie stattdessen ein, sich selbst eine Meinung zu bilden aufgrund der dargestellten Perspektiven, die ich hier nur anreißen konnte und vor allem aufgrund Ihrer eigenen praktischen Erfahrung.


## Literatur


Andresen, J. (2018): Agiles Coaching, München: Hanser

Binder, T. (2016): Ich-Entwicklung für effektives Beraten, Göttingen: Vandenhoek & Ruprecht.

Bröckling, U. (2017): Gute Hirten führen sanft. Berlin: Suhrkamp.

Buck, J. And Villines, S. (2007): We the People: Consenting to a Deeper Democracy, Sociocracy.info Press

Drösser, C. (2016): Wie berechenbar ist die Welt? München: Hanser.

Felber, C. (2010): Die Gemeinwohlökonomie, Wien: Deutike.

Folke, C., Carpenter, S., Elmqvist, T., Gunderson, C., Holding, S. & Walker, B. (2002): Resilience and Sustainable Development: Building Adaptive Capacity in a World of Transformation. AMBIO: A Journal of the Human Environment 31(5), 437-440,

Gebauer, T. (2015): Resilienz: Das missverstandene Konzept. In Psychologie Heute, Heft 11, S 58-63.

Höher, F. (2020): Menschliche Resilienz in Unternehmen - Dialog als Ressource. Opladen u.a.: Verlag Barbara Budrich.

Holzhey-Kunz, A. (2014): Zur Polarität von Schicksalsglaube und Machbarkeitswahn, Lindauer Psychotherapietage, CD, Auditoriumverlag.

Kotrba, V. & Miarka, R. (2019): Agile Teams lösungsorientiert coachen (3. überarbeitete und erweiterte Auflage) Heidelberg: dpunkt.verlag.

Laloux, F. (2015): Reinventing Organizations: Ein Leitfaden zur Gestaltung sinnstiftender Formen der Zusammenarbeit. München: Vahlen.

Laloux, F. (2016): Reinventing Organizations visuell: Ein illustrierter Leitfaden sinnstiftender Formen der Zusammenarbeit, München: Vahlen 2016. München: Vahlen

Mohr, G. (2006): Systemische Organisationsanalyse, Grundlagen und Dynamiken der Organisationsentwicklung, Bergisch-Gladbach: Edition Humanistische Psychologie.

Mohr, G. (2008): Coaching und Selbstcoaching mit Transaktionsanalyse, Bergisch-Gladbach: Edition Humanistische Psychologie.

Mohr, G. (2009): Wirtschaftskrise – Von Angst und Gier zu Substanz und Anerkennung, Berlin: ProBusiness.

Mohr, G. (2015): Systemische Wirtschaftsanalyse Bergisch-Gladbach: Edition Humanistische Psychologie.

Mohr, G. (2018a): Selbstfindung. Hamburg: Tredition.

Mohr, G. (2018b): Dialog und Resonanz. Hamburg: Tredition.

Reckwitz, Andreas (2017): Die Gesellschaft der Singularitäten. Berlin: Suhrkamp.

Roberts, J. (2003): The modern firm, Oxford: Oxford University Press.

Robertson, B. (2016): Holacracy: Ein revolutionäres Management-System für eine volatile Welt, München: Vahlen.

Rosa, H. (2016):: Resonanz - Eine Soziologie der Weltbeziehung. Berlin: Suhrkamp.

Scharmer, O.C. (2009): Theorie U, Von der Zukunft her führen: Presencing als soziale Technik, Heidelberg: Carl-Auer-Verlag.

Schenk, H. (2000): Glück und Schicksal, München: Beck.

Schmid, B. (1994): Wo ist der Wind, wenn er nicht weht? Paderborn: Junfermann.

Schmid, B. (2003): Systemische Professionalität und Transaktionsanalyse. Bergisch-Gladbach: Edition Humanistische Psychologie.

Schröder, A. (2020): "DER AGILECOACH - Praxishandbuch, Der Menschen-größer-Macher", München: Hanser.

Steffen, A. (2019). Menschen und Organisationen im Wandel. Ein interdisziplinärer Werkzeugkasten für Veränderungsprozesse. Berlin: Springer Gabler.

Stepper, J. (2016): Die Ressourcen: https://workingoutloud.com/resources (aufgerufen 21.6.2021).